Entrenamiento de Labrador Retriever: La Guía Definitiva para Entrenar a tu Cachorro de Labrador Retriever

Enseña a tu Cachorro a Sentarse, Quedarse Quieto, Pararse, Venir, Ponerle la Correa, Socializar, Ir al Baño y Conoce Cómo Eliminar los Malos Hábitos

Brittany Boykin

Entrenamiento de Labrador Retriever: La Guía Definitiva para Entrenar a tu Cachorro de Labrador Retriever

Copyright © 2018 Brittany Boykin

Todos los derechos reservados. Ninguna porción de este libro puede ser reproducida, almacenada en un sistema de recuperación, o transmitida de ninguna forma o por ningún medio – electrónico, mecánico, fotocopia, grabación, escaneo, u otros, – excepto para citas breves en reseñas críticas o artículos, sin la autorización previa por escrito del editor.

Publicado por CAC Publishing LLC.

ISBN 978-1-948489-75-1 (tapa blanda)

ISBN 978-1-948489-74-4 (libro electrónico)

Tabla de Contenidos

Introducción 12

   ¿El Labrador Retriever es apto para ti? 14

Capítulo 1: Un buen comienzo 19

   Eligiendo un cachorro de Labrador Retriever 19

   Trayendo el cachorro a casa 22

   Hablando el idioma de tu perro 24

   Socializando a tu cachorro 27

      Por qué deberías socializar a tu cachorro 29

      Cómo socializar 30

      Enseñándole las habilidades adecuadas de socialización
      33

      Qué hacer en la socialización 34

      Qué NO hacer en la socialización 37

   Apoyando el buen comportamiento y desalentando el malo
   38

Estableciendo la etapa del éxito 39

Capítulo 2: Cuánto es mucho ejercicio 42

    Caminar 42

    Tiempo de juego 43

    Caza 45

Capítulo 3: Los fundamentos del entrenamiento de la obediencia canina 47

    Disciplina efectiva 51

    La importancia de las recompensas 53

    Cómo este libro se enfoca en el entrenamiento 53

Capítulo 4: Las seis órdenes básicas 57

    Enseñando las seis órdenes básicas 59

        Sentado 59

        Caminar al lado 61

        Dando la orden del "no" 63

        La orden "quieto" 63

La orden "abajo" 64

La orden "alto" 65

Capítulo 5: Entrenamiento con una correa o collar 68

Cómo funciona el entrenamiento con collar y correa 70

Enseñando a un cachorro a aceptar su collar y correa 74

Entrenando a tu perro para que no tire de la correa 79

Realizando el entrenamiento de tu perro sin la correa 83

Capítulo 6: Entrenamiento con collar de cabeza 86

Ventajas de los collares de cabeza 86

Desventajas de los collares de cabeza 87

Capítulo 7: Entrenamiento por recompensas 89

Entendiendo la manada de lobos 89

El entrenamiento por recompensas del hoy 92

Asegurando que tu perro sea confiable 94

Recompensando con premios 95

Enseñando la orden "acude al llamado" 96

Confiando en el refuerzo positivo 99

Capítulo 8: Comportamiento no deseado 100

La respuesta instintiva del perro hacia la autoridad 100

Entrenamiento de perros para obtener comportamientos deseados 102

La motivación de tu perro para portarse mal 105

    Negarse a venir cuando lo llamas 106

    Eliminando los comportamientos mordaces 110

    Previniendo las mordeduras 110

    Usar la confianza para evitar mordeduras 112

Eliminando malos hábitos 112

    Lloriqueos, aullidos y ladridos excesivos 113

    Problemas con la masticación 115

    Saltar sobre las personas 117

    Tensando y tirando de la correa 118

Escapes y paseos 120

Capítulo 9: Ejercicios avanzados en el entrenamiento de perros 123

    Juegos en el entrenamiento avanzado 125

    Mantenlo divertido e interesante 126

    Entrenamiento con distracciones................................127

Capítulo 10: Entrenamiento en casa y en jaulas 130

    Entrenamiento en casa 131

        Estableciendo el área de entrenamiento...................... 131

        Estableciendo el área del baño.......................................132

        Continuando con el proceso de entrenamiento en casa 133

    Qué hacer y qué no hacer en el entrenamiento en casa ..135

        Qué hacer en el entrenamiento en casa para cachorros 136

        Qué no hacer en el entrenamiento en casa para cachorros 137

Las necesidades particulares de tu perro 138

Lidiando con los problemas del entrenamiento en casa 140

Entrenamiento con jaulas para perros y cachorros 143

Consejos para el entrenamiento con jaulas 144

Tratando los accidentes durante el entrenamiento con jaulas 146

Capítulo 11: Entrenamiento por problemas de comportamiento 148

Construyendo confianza y respeto 148

Lidiando con la ansiedad por separación 152

Enseñando a tu perro a no perseguir 155

Entrenando a tu perro para que no persiga a otros 156

Entrenando a tu perro a no perseguir autos 159

Socializando y entrenando al perro tímido o temeroso .. 162

Entrenando un perro tímido 165

Desensibilizando el miedo de tu perro 166

Desensibilizándolo de los ruidos fuertes 167

Usando la distracción en perros temerosos.................170

Enseñando a tu perro a no masticar............................. 171

Cuando tu cachorro mastica de forma inapropiada....172

Conclusión 175

Introducción

El Labrador Retriever fácilmente es una de las razas de perro más aceptadas y reconocidas en todo el mundo. Esta belleza clásica es conocida por su increíble versatilidad, combinada con una inteligencia extrema. Un Labrador Retriever es capaz de asumir muchos roles diferentes, que incluyen:

- Perro de compañía

- Mascota

- Perro de pastoreo

- Perro de espectáculos

- Perro de obediencia

- Perro de trabajo

- Perro guía para los ciegos

- Perro de alerta para sordos

- Perro de búsqueda y rescate

- Perro de rastreo

- Perro de caza

- Actores para televisión

... y muchos más

Los Labrador Retriever se caracterizan por su inteligencia superior, gran curiosidad, energía ilimitada, versatilidad y buen aspecto real. Estos inteligentes perros pueden ser muy fáciles de entrenar y pueden parecer casi ansiosos por aprender nuevos trucos y formas de complacer a sus dueños, desde edades muy tempranas.

Sin embargo, aunque sean muy inteligentes y fáciles de entrenar, hay momentos en que algunos propietarios de esta raza pueden empezar a sentirse frustrados e impacientes cuando no ven mucho éxito en sus esfuerzos. Esto puede suceder cuando tus métodos de entrenamiento no toman en consideración lo más importante para tu perro y lo que lo hace quererte obedecer más.

¿El Labrador Retriever es apto para ti?

Aunque el Labrador Retriever parezca ser una raza muy atractiva, es importante recordar que no es adecuada para todos. Debido a su gran inteligencia y curiosidad natural, estos perros necesitan mucha estimulación mental para evitar que se aburran.

Los Labrador Retriever requieren mucho ejercicio. Sacar a pasear a tu perro con regularidad es importante, no solo para su salud física; su caminata diaria también le proporciona algo de estimulación mental y un tiempo afectivo de calidad con su ser humano.

Esta raza de perro también es capaz de proveer una intensa lealtad a su persona, formando un vínculo perpetuo que es casi imposible de romper. Te amarán incondicionalmente y querrán hacer cosas que crean que pueden complacerte más.

Cuando un Labrador Retriever forma un vínculo estrecho con su ser humano, pensará en innumerables formas de tratar de llamar la atención del mismo, ya sea buena o mala. Esto puede significar tirar la ropa de la canasta, cavar agujeros o masticar tus zapatos si cree que es la única manera en que volverás a poner tu atención en él o ella.

Este tipo de comportamiento destructivo puede hacerse

presente en cualquier raza de perro, pero teniendo un perro de alta inteligencia y fuerte sentido de unión familiar, es más importante encontrar formas de redirigir estos instintos hacia los comportamientos más positivos, cuando todavía es joven.

Los Labrador Retriever anhelan la compañía. Para ellos, tú y tu familia son su manada. No son buenos perros de criadero y no les gusta que los dejen solos en el patio durante largas horas seguidas. Esta raza de perro es más propensa a sufrir ansiedad por separación si no se les enseña desde el principio cómo lidiar con situaciones como tu ida al trabajo.

Si no tienes el tiempo o la paciencia para ofrecerle un entrenamiento, el ejercicio y la compañía que anhela, quizás debas buscar una raza de perro diferente.

Nada es tan divertido y emocionante como tener un nuevo animal de compañía. Los amantes de los perros saben que el amor incondicional de un perro devoto no se parece a ningún otro: es leal, generoso y constante.

Sin lugar a dudas, querrás comenzar bien con tu nuevo compañero para establecer y mantener ese nivel de devoción. ¿Cuál es la mejor fórmula? Los dueños y entrenadores de perros te dirán: la clave para tener una gran relación con tu perro es ser firme para evitar el comportamiento problemático y fomentar la obediencia desde el primer día.

Si te encuentras admirando a otros dueños y sus perros, y te preguntas cómo consiguen que su perro o cachorro se siente, traiga algo y se quede quieto, ten cuidado. Si estás dispuesto a seguir las pautas de este libro y si le das a tu perro y al entrenamiento tu tiempo y esfuerzo, verás que tu perro será tan obediente y receptivo como tú desees. Lo mejor es comenzar a entrenar cuando el perro es pequeño, idealmente a los pocos meses de edad. A esa edad, un cachorro es impresionable, abierto al aprendizaje y está dispuesto a complacer. Tendrás una gran influencia, y eso es importante porque el trabajo que hagas con tu perro determinará el perro en el que se convertirá. Este tiempo es una inversión, para tener un gran animal de compañía en los siguientes años.

Los siguientes capítulos te guiarán para entrenar a tu perro, utilizando órdenes, repetición y recompensas. Por ejemplo, veamos cómo puedes entrenar a tu perro para que obedezca una de las órdenes más básicas e importantes: "ven".

Sin duda, reconoces la importancia de enseñarle a tu perro a venir cuando lo llames. Tu perro debe ser tu compañero, y eso significa que debe obedecer cuando le llames. Además de la obediencia, hacer la relación más fuerte y placentera es necesario por su seguridad: si tu perro corre a toda velocidad hacia una calle concurrida u otra fuente de peligro, es vital que ignore sus propios deseos e instintos y se devuelva si lo llamas.

Al igual que con otras órdenes que le enseñarás a tu perro, la técnica es simple y la repetición le enseñará a tu perro a obedecer las órdenes; todas y cada una de las veces. Comienza por decidir qué orden usarás para decirle a tu perro que se dirija hacia ti; sólo usarás ese comando, de manera constante. Prepárate para enseñarle la orden, sosteniendo un juguete en una de tus manos y un regalo en la otra. Ahora, aléjate de tu perro, sosteniendo el juguete y usando la orden para llamarlo hacia ti. Una vez que llegue contigo, dale el regalo.

¡Así de simple! Ahora, hazlo de nuevo. Y otra vez. Y tal vez una vez más; luego dale un largo descanso del entrenamiento, al menos un par de horas. Repite la serie de ejercicios dos o tres veces más durante el día, con un juguete en una mano y un dulce en la otra. Para que tu perro no se aburra, dale largos descansos entre las sesiones de entrenamiento. En poco tiempo, te complacerá descubrir que lo has hecho: tu perro viene, constantemente, cuando lo llamas.

Simple, ¿verdad? Y creo que también será agradable tanto para ti como para tu perro. El entrenamiento básico le da confianza a tu perro y también a ti. Es divertido, y no toma mucho tiempo; solo cinco minutos unas pocas veces al día, para comenzar, y luego por periodos de tiempo más cortos, una vez que comience a dominar la orden. Recuerda: es importante recompensarlos a los dos. Elogios y recompensas para él: una palmadita en la espalda para ti, por ser paciente y consistente.

Este ejemplo te da una idea del simple y efectivo enfoque que encontrarás a medida que vayas leyendo este libro.

Nuestro primer capítulo analiza cómo empezar con el pie derecho con un nuevo cachorro. Luego pasamos al entrenamiento, viendo las otras órdenes básicas que un perro obediente conoce, y al final, hablaremos de cómo entrenar a tu perro para que las obedezca.

Capítulo 1: Un buen comienzo

Eligiendo un cachorro de Labrador Retriever

Los cachorros de Labrador Retriever son bonitos, esponjosos y muy irresistibles. Es fácil saber por qué tantas personas eligen estos magníficos cachorros como mascotas potenciales.

Si tienes la intención de exhibir o criar a tu perro, siempre elije un criador de buena reputación que esté dispuesto a darte el linaje familiar completo y los documentos de registro. Esto puede ayudarte a determinar el tamaño, la longitud del manto, el color y el temperamento más probable que la camada muestre como características dominantes.

Con los Labrador Retriever de raza pura, también debes preguntar sobre el historial médico del padre y la madre, ya que esta raza puede tener problemas médicos y psicológicos hereditarios.

Estos pueden incluir displasia de cadera o articular, artritis, problemas cardíacos, mayor riesgo ante la potencialmente mortal 'hinchazón canina' (dilatación gástrica o síndrome de vólvulo gástrico) y otros problemas genéticos graves.

Lo que la mayoría de la gente olvida es que estos adorables cachorros se convierten rápidamente en perros grandes y poderosos, así que podrías estar tratando con un perro de 75 libras con la mente y el comportamiento de un cachorrito juguetón y travieso.

Es en este punto que muchos dueños renuncian a su perro porque no están preparados. Ellos regalarán al perrito travieso o lo dejarán en un refugio en lugar de tomarse el tiempo para entrenarlos adecuadamente y convertirlos en el perro leal, amoroso e inteligente que todos pueden llegar a ser.

Para obtener mejores resultados, debes comenzar con el entrenamiento básico en el momento en que tu cachorro llegue a casa por primera vez.

Los cachorros de Labrador Retriever son increíblemente inteligentes. Entenderán rápidamente órdenes simples, y si recuerdas interactuar con ellos con un lenguaje que entiendan, es posible mostrarles cómo modificar su propio comportamiento para que se ajusten a las reglas de la 'manada', incluso cuando todavía son muy jóvenes.

La clave para entrenar esas inteligentes razas de perro es tener mucha paciencia y aprender a trabajar con el método de elogios y recompensas. Esto aplica especialmente con los Labrador Retriever, ya que responden muy bien a los elogios.

Tu perro desarrollará un fuerte sentido de respeto por ti mientras pases tiempo enseñándole, entrenándolo y disciplinándolo, hasta el punto de hacer felizmente lo que le indicas porque sabe que te agrada, y eso también le gusta.

Además, descubrirás que esos altos niveles de inteligencia también pueden venir con niveles igualmente altos de obstinación y la necesidad de dominar. En los perros, la dominación no trata de agresión o violencia. Trata de establecer el orden de la manada, y tu cachorro trabajará de muchas maneras para averiguar dónde está su posición en tu familia.

Trayendo el cachorro a casa

Llevar a tu cachorro a casa por primera vez puede ser un día emocionante para ti, pero es un día estresante y aterrador para tu nuevo cachorro. Después de todo, ha tenido la comodidad y compañía de 6 o 7 compañeros de camada, más su madre, desde el día en que nació. Ahora todo lo que tiene es una nueva manada desconocida.

Al llegar, puede que un cachorro parezca disfrutar inmensamente la hora de jugar, pero en el momento en que se queda solo, la repentina soledad le recordará que su madre ha desaparecido y que no tiene compañeros de camada con quien acurrucarse y obtener calor y comodidad.

Aquí es donde un dueño concienzudo proporcionará un lugar seguro y tranquilizador para que un nuevo cachorro duerma. Además, le ofrecerá un compañero de camada de reemplazo para ayudarlo a sentirse seguro. Una de las maneras más fáciles de hacerlo es comprar o crear una cómoda cama y darle un viejo peluche que sea un poco más grande que él.

Al principio, ese viejo peluche puede comenzar siendo un compañero de camada de reemplazo y terminar siendo el amigo y compañero de juegos de tu cachorro a medida que vaya creciendo.

El entrenamiento para cachorros también comienza en ese primer día. Aquí es cuando estableces las reglas básicas de lo que es aceptable y lo que no. El entrenamiento para que vaya al baño también debe ser una gran prioridad desde el principio.

En este momento, tu cachorro puede parecer pequeño y lindo, pero se convertirá en un perro grande, por lo que no es prudente alentarlo a saltar, morder o subirse a los muebles humanos en cualquier momento. Tampoco debes darle nada tuyo para que juegue o lo mastique. Siempre dale sus propios juguetes y ropa de cama, y dedícale un tiempo para enseñarle a buscar sus propias cosas en lugar de las tuyas.

Siempre recuerda controlar cualquier comportamiento en tu cachorro que no te gustaría ver en un perro adulto. De esta forma, tu Labrador Retriever crecerá entendiendo lo que le pertenece y lo que te pertenece. También tendrá un respeto saludable por las reglas del hogar familiar desde el principio.

No hay nada tan emocionante y alegre como llevar un cachorro nuevo a casa. Los cachorros están llenos de vida, y son confiados y espontáneos. No es de extrañar que las imágenes y videos de ellos sean tan llamativos en las redes sociales, y que todos quieran abrazar y jugar con estas pequeñas bolas de pelo. Se trata de la diversión y novedad de la experiencia; es probable que pensar en su entrenamiento no es lo más importante en tu mente cuando entra un nuevo cachorro en tu vida.

Pero para que tu cachorro y tú tengan una relación fuerte y agradable, es importante que el entrenamiento de tu nuevo compañero comience tan pronto como sea posible. En muchos aspectos, es más fácil de entrenar un cachorro que un perro más viejo. Por un lado, no tienes que superar los periodos de tiempo en los que estuvo mal entrenado o sin entrenamiento.

Por otro lado, un cachorro es impulsivo y está lleno de energía. Probablemente descubrirás que tu cachorro se distrae con más facilidad que un perro viejo. Para un cachorro, cada momento es otra oportunidad para encontrar algo nuevo, emocionarse y perder la concentración. Entonces, al principio, deberás ser breve en las sesiones de entrenamiento y, para mantener el entusiasmo del cachorro, asegúrate de terminar cada sesión con un comentario positivo.

Hablando el idioma de tu perro

Un dueño responsable de Labrador Retriever siempre se tomará el tiempo para aprender a comunicarse efectivamente con su perro. Esto significa aprender a hablar en un idioma que tu perro entenderá.

Cuando le das una orden a un perro o le hablas, él no escucha las palabras que dices. Por el contrario, está respondiendo al tono de voz y la posición de tu cuerpo.

Si escuchas a tu perro, notarás que tiene un rango y una variedad de ladridos diferentes, que van desde los ladridos de alerta, ladridos felices, ladridos para saludar, gruñidos, gimoteos, aullidos, llamadas en busca de atención y ladridos agitados o juguetones. Cada uno de estos está basado en tonos y tiene una variedad de longitudes y significados.

Para alentar a tu perro a que continúe repitiendo un comportamiento aceptable o agradable, felicítalo usando una voz aguda y feliz. Puedes darle una palmadita cariñosa, o incluso una pequeña recompensa de comida si estás contento con algo que ha hecho bien, para reforzar que lo ha hecho bien y que tú estás satisfecho.

Sin embargo, si está siendo malo o haciendo algo inaceptable, darle una breve reprimenda, que suene como un gruñido bajo, como 'ah ah', le recordará los pequeños gruñidos guturales que su madre hacía para regañarlo cuando era travieso. Él o ella debería dejar de hacer lo que sea que le diera esa reprimenda.

Gritarle no es visto como un regaño en el lenguaje del perro. Tu perro asumirá que estás emitiendo los mismos ladridos de advertencia que él o asumirá que eres agresivo ante una amenaza que no puede ver o percibir. Si le gritas a un perro, te arriesgas a ponerlo tenso, pero no lo estarás disciplinando de ninguna manera. De hecho, gritarle podría estar empeorando su mala conducta.

Un tono de voz tranquilizador y amoroso está bien para cuando tu perro esté teniendo un momento gracioso y afectuoso contigo, pero darle este mismo consuelo en un momento de estrés o miedo no lo ayudará a sentirse mejor.

De hecho, si tranquilizas a un perro mientras siente miedo, como en una tormenta eléctrica, entonces podrá interpretar tus amables palabras como si le afirmaran que tenía razón para tener miedo.

Ofrecer a tu perro cualquier tipo de recompensa solo por ser lindo le da la impresión de que no tiene que obedecer tus órdenes para obtener premios. Después de todo, si espera lo suficiente, sabe que le darás algo de comer.

También es aconsejable distinguir la diferencia entre soborno y recompensa. Tu perro solo debería recibir premios después de haber hecho algo para ganárselos. No deberías mostrarle una recompensa o sobornarlo para que se comporte, agitando un premio delante de su nariz.

Siempre ten en cuenta cómo escucha tu tono de voz cuando está trabajando con las técnicas de entrenamiento, cuando lo regañas o cuando juegas. Recuerda que los premios se deben ganar, y pronto descubrirás que tu perro entenderá lo que se espera de él, mucho más fácil.

Socializando a tu cachorro

Una de las cosas más importantes del entrenamiento es la socialización de tu cachorro. La socialización es vital para alcanzar el tipo de relación que deseas con tu perro y establecer expectativas claras. Es importante que la socialización comience tan pronto como sea posible, ya que un cachorro muy joven está mucho más abierto a ser socializado que un perro más viejo, o incluso un cachorro mayor. Es triste decirlo, pero un cachorro que no está socializado adecuadamente a la edad de cuatro meses puede que nunca sea capaz de desarrollar la socialización que necesita para disfrutar su vida con los demás o ser disfrutado por los demás.

La socialización no solo hace que el cachorro sea más agradable y feliz, sino que también lo hace más seguro. Le impide ser demasiado agresivo con las personas y con otros perros. Es especialmente importante que aprenda a estar en una situación social con otros perros, ya que la agresión con otros perros podría conducir a peleas y daños, hacia él y a los demás.

La socialización tiene un lugar natural en la camada: el cachorro jugando con sus hermanos. Mientras están jugando entre ellos, prueban cosas nuevas, y aprenden qué tipo de comportamiento es el apropiado y el que obtiene una buena respuesta, y también qué tipo de comportamiento se desaprueba y da como resultado una respuesta negativa. Por ejemplo, si el cachorro muerde muy fuerte, podrá descubrir que sus hermanos le devolverán ese comportamiento brusco o que ellos o su madre podrán expresar desaprobación de otras maneras. A medida que pasa el tiempo, el cachorro aprenderá el comportamiento apropiado a través de la prueba y error.

Desafortunadamente, en estos días, la socialización se ve obstaculizada porque los cachorros son retirados de sus madres demasiado pronto, para ser vendidos o adoptados. Puedes compensar esto dando sesiones de juego para cachorros.

Descubrirás que cualquier buen programa de entrenamiento para cachorros brinda tiempo libre y abierto para que los cachorros interactúen.

Como dueño de un cachorro, es tu responsabilidad presentarle una gama más amplia de experiencias y lugares. No solo lo estás entrenando para que se incorpore en tu hogar, a puerta cerrada; un buen animal de compañía puede manejar una serie de situaciones de manera obediente y receptiva.

Por qué deberías socializar a tu cachorro

La socialización adecuada le enseña a tu cachorro a no temerle a otros perros. Y ¡también les ayuda a eliminar todo ese exceso de energía!

Cuando tu cachorro socializa con otros perros de cualquier edad, aprende lecciones que lo ayudan a convertirse en un mejor animal de compañía para ti y tu familia. Los estudios demuestran que los perros que fueron menos socializados como cachorros son más destructivos, difíciles de entrenar, menos obedientes, más hiperactivos y, en general, tienen más problemas que otros perros.

En particular, la socialización insuficiente a menudo hace que los cachorros se comporten de manera temerosa y agresiva. Los perros agresivos generalmente tienen miedo. Para que un perro se convierta en un buen animal de compañía para ti y tu familia, debe ser socializado no solo con otros perros, sino también con las personas, especialmente los niños. Para entender por qué, ten en cuenta que los perros ven a los humanos de manera muy diferente; hacen una clara distinción entre el dueño que ven como el líder de su manada y otros adultos, y hacen una clara distinción entre adultos y niños. Para aprender comportamientos apropiados, es importante que los cachorros sean socializados con una variedad de adultos, niños y otros perros de diversas edades.

Al igual que con otros entrenamientos, lo mejor es abordar la socialización de tu cachorro con los niños pequeños cuando estén chiquitos, idealmente, antes de que tu perro tenga cuatro meses. Para empezar, es más seguro para el niño si tu cachorro es más pequeño cuando se realiza su socialización.

Cómo socializar

Una buena salida es ir a una tienda de mascotas que acepte y sea amigable con sus clientes caninos para hacer las compras. Cada vez más, las tiendas de mascotas permiten que los dueños y las familias traigan a su perro. Como podrás imaginar, las vistas y los olores de una tienda de mascotas le dan a tu cachorro muchas oportunidades para responder e interactuar. Solo asegúrate de que la tienda a la que vas esté abierta para que lleves a tu cachorro.

Si tu cachorro fue retirado de su madre y sus hermanos demasiado temprano, asume la responsabilidad de darle a tu cachorro las experiencias que debería haber obtenido de sus compañeros de camada. Por ejemplo, hay formas aceptables e inaceptables para que un cachorro muerda. Los cachorros muerden naturalmente cuando juegan y luchan. Tienen una piel gruesa que los protege, pero a veces muerden demasiado. Después, la madre reprenderá al cachorro, sosteniéndolo por el cogote hasta que se someta. La lección es clara: morder al jugar es natural, pero morder demasiado fuerte es reprendido.

Así que dale a tu cachorro la oportunidad de jugar con otros cachorros o con perros adultos amables, amistosos y socializados. Muchos perros adultos tienen un instinto natural de crianza y ayudarán al cachorro a aprender lo que es apropiado de la misma manera que lo haría su madre. Busca eventos de juegos de cachorros o clases de kínder. Y trata de no rondar demasiado cuando tu cachorro esté interactuando con otros; deja que los cachorros jueguen solos y solucionen cualquier problema que surja, incluso si esto provoca cierta aspereza y chillidos. Ciertamente, debes protejer a tu cachorro, pero ten en cuenta que una cierta cantidad de experiencia negativa es parte del proceso de aprendizaje.

Notarás que el orden de jerarquía se vuelve aparente durante el proceso de socialización. Algunos cachorros responden siendo sumisos, y los verás dar vueltas y enseñar sus gargantas ante el primer signo de agresión. Por supuesto, otros cachorros tienen un papel más dominante, haciendo conocer su voluntad y tratando de obligar a otros cachorros a hacer lo que ellos quieran. Mira a tu cachorro durante estas interacciones. La forma en que responde te dará información valiosa sobre cómo abordar tu relación con él y el entrenamiento que haces con él.

La socialización incluye humanos y otros perros. Puedes ayudar a tu cachorro a interactuar con las personas de diferentes maneras: en las clases a las que acudes con él y, cuando sea apropiado, en la vida cotidiana. Asegúrate de darle a tu cachorro una muestra diversa de personas: viejos y jóvenes, hombres y mujeres, blanco y negro. Su percepción de cada uno puede ser diferente; ayúdalo a aprender que puede interactuar con éxito y de manera segura con las personas que conocerá a lo largo de su vida.

Y no limites su interacción con otros animales solo con otros perros, especialmente si tienes otros animales en tu hogar. Permite que conozca gatos amigables, conejos dispuestos, conejillos de indias curiosos y más. Solo asegúrate de estar atento y de que ambos animales estén a salvo. Comienza presentándole el olor al cachorro y sólo el olor del otro animal. Usa su ropa de cama o un juguete con el que juegue con frecuencia. Después de algunas exposiciones al olor, es mucho más probable que tu cachorro acepte al animal.

Enseñándole las habilidades adecuadas de socialización

La socialización importa: un perro bien socializado es un perro feliz y uno del que otras personas y animales disfrutan estar cerca. Por otro lado, un perro que no ha sido socializado adecuadamente es un peligro para ti, él mismo y los demás. Es tu responsabilidad darle la socialización adecuada y tomar decisiones acertadas, dependiendo de su capacidad para manejar situaciones sociales.

Recuerda que las lecciones que un cachorro aprende en la socialización (buenas o malas), son difíciles de deshacer. Esas experiencias lo afectarán por el resto de su vida. Socialízalo bien y sabiamente.

¿Qué proporciona la socialización adecuada? Idealmente, un perro se socializó completa y adecuadamente con su camada y su madre a muy temprana edad. Como resultado, él está a gusto con otros perros, animales y personas, no está ni asustado ni sumiso, ni demasiado agresivo. Está confiado, incluso en lugares y situaciones desconocidas.

Un perro que no ha sido socializado adecuadamente es mucho más propenso a morder por miedo. Como tal, es una responsabilidad y un peligro para ti, él mismo y los demás. Él es mucho menos capaz de adaptarse a un nuevo lugar o una nueva situación. Sin una socialización adecuada, algo tan simple y necesario como la visita de amigos o un viaje al veterinario puede causar estrés y reacciones desagradables y peligrosas.

¿Qué hacer si tu cachorro no estaba socializado adecuadamente? Si tu cachorro no se quedó con su madre y sus hermanos hasta la edad de 12 semanas, haz lo posible por darle el mismo tipo de exposición y experiencia que debería haber tenido. Y continúa socializando, incluso después de que tu cachorro tenga tres meses.

Definitivamente, hay muchos 'qué hacer y qué no hacer' cuando se trata de socializar adecuadamente a cualquier cachorro.

Qué hacer en la socialización

- Es importante hacer que la socialización sea divertida para tu cachorro, y nunca debes dejar que se convierta en una amenaza. En particular, asegúrate de que la primera experiencia de socialización de tu cachorro sea positiva; si no lo hace, retrasará su progreso al menos varias semanas y podría evitar que vuelva a estar socializado por el resto de su vida.

- Establece fechas de juego en tu casa o apartamento, permitiendo que tu cachorro juegue con otros perros que sean amigables y saludables, dentro de un ambiente en el que se sienta seguro. Cuando tenga algunas experiencias positivas con otros perros, preséntale otros animales y mascotas, como hámsters, conejos y, en particular, gatos flexibles y amigables. Con todos los animales que le presentes a tu cachorro, asegúrate de que las vacunas, la suya y las de ellos, estén actualizadas.

- También establece fechas de juego con la gente, invitando a tus amigos y familiares a participar y jugar con el nuevo cachorro. Incluye a varias personas, de diversos orígenes: hombres y mujeres, niños y adultos, ancianos y jóvenes, y personas de diversos orígenes étnicos.

- Al principio de su socialización, permite que tu cachorro sea socializado en un entorno que conozca y en el que se sienta seguro. A medida que avance la socialización, lleva al cachorro a una variedad de lugares para conocer gente y otros animales. Incluye tiendas de mascotas, parques, parques infantiles escolares o simplemente detente a hablar con la gente mientras caminas con tu cachorro por el vecindario. Cuando sientas que la socialización va bien, introdúcelo a eventos públicos en los que haya aglomeraciones, ruido y mucha actividad. Necesita poder funcionar bien en cualquier situación en la que tú lo pongas, siempre y cuando sepa que está a salvo.

- A algunos perros no les gusta andar en el automóvil, así que también debes socializar a tu cachorro durante los viajes en automóvil. Hazlos agradables: detente de vez en cuando para dejarlo salir del automóvil. Si se siente incómodo en el automóvil, llévale un premio especial que solo reciba cuando viaje en el automóvil, y así lo asociará con algo positivo y atractivo.

- Puede que hayas sonreído ante los perros que muestran un miedo irracional a los objetos inanimados: escobas, aspiradoras, periódicos o paraguas. Pero es importante que tu perro esté tranquilo y confiado en cualquier situación, así que debes exponer a tu cachorro a todo tipo de objetos que creas que puedan asustarlo. Permítele explorar tales objetos por sí mismo, en un entorno seguro, para que pueda aprender que no debe temerles.

- Entrena a tu cachorro a adaptarse, moviendo sus juguetes de un área a otra, o reorganizando los muebles. Aprenderá a adaptarse y tendrá confianza en que puede adaptarse al cambio.

- Desensibiliza a tu cachorro ante las cosas que experimentará en el veterinario o peluquero, como ser cepillado, cortarle las uñas, tocar y limpiar las orejas, abrirle la boca y examinar sus patas. Es natural que un perro se resista a algunas de estas cosas, pero ayudar a tu cachorro a acostumbrarse a ellas hará que las visitas de rutina sean mucho más agradables para todos.

- Preséntale las cosas que hacen ruido o son retos dentro de la casa: timbre, escaleras, aspiradora, alarma de humo. Permitirle ver que estas cosas son comunes, y que no sucede nada malo cuando tiene que experimentarlas o escucharlas.

Qué NO hacer en la socialización

También existen cosas que vas a querer evitar al socializar un cachorro:

- No permitas que tu cachorro interactúe con animales que no conoce; en particular, no lo dejes permanecer cuando hay un animal extraño cerca. Cualquier interacción, y particularmente un ataque, podría traumatizar a tu perro y retrasar su progreso.

- Ten en cuenta que tu instinto de proteger y consolar a tu cachorro podría reforzar inadvertidamente sus temores. Cuando tu cachorro muestre algún temor de cualquier tipo, tu instinto puede ser ofrecerle apoyo y calmarlo; pero en realidad podría reforzar su miedo. En cambio, ajusta la situación con calma, eliminando la fuente de su miedo o, si es apropiado, ayúdalo a que se vuelva insensible ante ella. Ten en cuenta que, si tu perro muestra inesperadamente los signos de morder, podría ser evidencia de que tiene miedo.

- La socialización debe ser divertida para ti y tu cachorro, así que tómate tu tiempo y disfrútalo. Ofrécele varias oportunidades en un lapso de varias semanas y sé paciente: permite que progrese en su propio tiempo y ritmo.

- Haz arreglos para que la socialización sea breve, especialmente al principio. Los cachorros jóvenes, al igual que los niños pequeños, tienen poca capacidad de atención; la socialización solo debería durar mientras él y tú estén comprometidos y lo disfruten.

- Recuerda que es importante empezar con la socialización lo antes posible. Un cachorro joven es confiable, curioso e impresionable: aprovecha el momento en que tiene estas cualidades y bríndale tantas oportunidades positivas de socialización como sea posible, para que desarrolle habilidades sólidas de socialización.

Apoyando el buen comportamiento y desalentando el malo

Al igual que con cualquier perro, tu cachorro responderá mejor al amor, el tiempo que pases con él, la paciencia y los elogios. Haz tu mejor esfuerzo para estructurar el entrenamiento y el entorno, dándole muchas oportunidades para elogiarlo. El elogio hacia tu cachorro tendrá mucho más impacto si te pones a su mismo nivel. El elogio, la atención y el afecto al nivel de sus ojos contribuyen en gran manera para reforzar la lección.

Del mismo modo, asegúrate de no recompensarlo por el comportamiento al que tú te opones. Puede que tengas que ir en contra de tu instinto. Por ejemplo, si tu cachorro salta sobre alguien, puede ser tentador reírse porque es pequeño y lindo. Pero algún día pesará tres veces más, y ya no será lindo. Sienta las bases ahora, estableciendo límites buenos y reforzándolos.

- Una buena manera de manejar su comportamiento no deseado es redirigiéndolo. Por ejemplo, si tu cachorro está brincando por encima de alguien, dirígelo para que se siente, y elógialo y recompénsalo cuando lo haga.

- Confía en el refuerzo positivo y elogios para que vaya al baño, en vez de utilizar la vergüenza y la ira. Elogia sus éxitos. Sé realista acerca de los accidentes; básicamente es un bebé, y está desarrollando el control muscular y trabajando para comprender las expectativas.

Estableciendo la etapa del éxito

- Haz tu mejor esfuerzo para controlar el entorno la primera vez que llegue tu cachorro a casa y conozca a la familia. Ten a toda la familia presente y elije un momento tranquilo para que puedas dedicarle tu tiempo y atención a su debut. Las fiestas vacacionales son probablemente el peor momento para presentarle su nuevo hogar a un nuevo cachorro. Hay demasiada actividad, emoción y distracciones. Elije presentarlo a la familia y al hogar en otro momento.

- Ayúdale a aclimatarse a tu hogar. Si hay escaleras, ayúdalo lentamente a familiarizarse con ellas. Los cachorros suelen tener miedo a las escaleras; permite que se tome su tiempo y ayúdalo a construir su confianza lentamente. Una buena manera de empezar es por la parte inferior de las escaleras, en lugar de hacerlo por la parte superior, e instarlo a subir un escalón o dos. Si él sube las escaleras, ¡genial! Si muestra signos de estrés, permite que suba uno o dos escalones para introducirse a ellas. Sube al primer escalón; luego, insta al cachorro para que se una contigo, usando un premio o juguete. Después, baja, invítalo para que se una allí, y recompénsalo nuevamente. Sé paciente; este es un momento en el que es mejor dar un paso a la vez, literalmente.

- Es importante que tu cachorro aprenda a sentirse cómodo usando un collar, así que tómate el tiempo para comprarle el collar adecuado para que lo acepte. Un collar que sea del tamaño de tu cachorro, y se ajuste adecuadamente, es menos probable que le cause miedo e intente sacárselo frenéticamente. Su collar básico debe ser un collar resistente de un material blando y con un broche. Los collares especializados, como los collares de estrangulamiento y entrenamiento, son útiles, pero solo deben usarse cuando sea necesario, para un tipo de entrenamiento en particular. La etiqueta de identificación y la licencia de tu cachorro deben colocarse en el collar, por lo que si tú y tu cachorro se separan, estará usando la información necesaria para ser devuelto.

- A veces, los collares les causan miedo a los cachorros. Prepárate ante la posibilidad de que a tu cachorro no le guste el collar, así que deja que lo agarre, retuerza, dé vuelta y frote contra cosas con él. No trates de calmarlo; tampoco deberías reprenderlo. Solo déjalo hacer las paces con él, por sí solo. Después de uno o dos minutos, puedes introducir una distracción, como un premio o un juguete. Una vez que tu cachorro tenga algunas experiencias mientras usa el collar, se acostumbrará y no reaccionará ante él.

Capítulo 2: Cuánto es mucho ejercicio

Siempre es triste escuchar a la gente decir, "mi perro no necesita tanto ejercicio. Parece feliz de estar acostado en mis pies todo el día". Esta nunca es una buena razón para suponer que tu perro no necesita el ejercicio mental y físico, especialmente con una raza de trabajo como el Labrador Retriever.

Es cierto que muchos Labrador Retriever parecen estar más felices cuando se les permite acurrucarse en cualquier lugar cerca de su dueño, ya que permanecerán allí durante horas y horas. De hecho, tengo un Labrador Retriever acurrucado en mis pies debajo de mi escritorio mientras escribo en este mismo momento.

Esto pasa principalmente porque un Labrador Retriever se sentirá feliz de ser incluido en lo que sea que estés haciendo, pero esto no es suficiente para su salud física y bienestar.

Caminar

Tu perro no verá el salir de paseo como un 'tiempo de ejercicio'.

Lo ve como si fuera invitado por la manada familiar para ir de 'cacería'. Él sabe que tendrá la oportunidad de buscar comida potencial, husmear a otros perros o presas potenciales, y pasar tiempo de calidad como parte de la manada. Para él, esto también constituye una estimulación mental.

Los Labrador Retriever naturalmente viajarán galopando en lugar de hacer una lenta caminata. Durante tus paseos, asegúrate de moverte a paso rápido para que tu perro pueda trotar a tu lado, haciendo una marcha cómoda para su tamaño. Esto puede significar caminar rápido o incluso trotar para mantener la velocidad de su paso, sin que tenga que adelantarse.

Caminar también es ideal para mantener flexibles las articulaciones de rodilla, cadera y codo en esta gran raza de perro. Se sabe que las razas grandes, como los Labrador Retriever, sufren problemas de cadera en su vida, por lo que el ejercicio regular puede ayudar a mantener a tu perro amado y saludable por mucho más tiempo.

Tiempo de juego

Los Labrador Retriever son naturalmente lúdicos, inquisitivos y curiosos. Un perro aburrido rápidamente puede volverse destructivo al buscar alguna cosa que ocupe su mente. Esto puede significar cavar hoyos en tu jardín, arrancar la ropa del tendedero, masticar tus zapatos favoritos o ladrar por puro aburrimiento.

El tiempo de juego trata de proporcionarle un tiempo para ser un poco tonto y divertirse, pero también es un momento importante para reforzar el vínculo entre tú y tu perro.

El tiempo de juego debe ser una parte importante de la rutina de ejercicios de tu perro y debe ser algo que tu perro encuentre divertido y entretenido. Esto puede significar enseñarle a tu perro a buscar una pelota o un platillo volador y luego arrojarlo en el patio o en el parque. A la mayoría de los Labrador Retriever les encanta jugar un juego de tira y afloja, así que encuentra un juguete de cuerda y anímalo a jugar contigo. Esto ayuda a fortalecer los músculos del hombro y la mandíbula.

También puedes incorporar algunos juegos que estimulen su mente y su necesidad de cazar, como el escondite. Los Labrador Retriever disfrutan rastrear a un dueño que se esconde en un armario, detrás de un arbusto, al costado de la casa o detrás de una puerta, así que conviértelo en un juego divertido y elógialo cuando te encuentre.

Caza

Ya que los Labrador Retriever adoran pasar algún tiempo cazando y rastreando posibles presas, esto NO significa que necesites llevar a tu perro a matar animales salvajes. Puedes darle algo que rastrear y cazar en tu jardín; algo que sea mental y físicamente gratificante para él.

Es posible darles una pequeña muestra de la "caza" cuando salen a hacer su caminata diaria. Intenta esparcir un puñado de croquetas o galletas en tu jardín y dile que vaya a buscarlas. Pasará todo el tiempo olfateando y buscando cada una de ellas.

Muchos dueños usan juguetes masticables no tóxicos hechos y diseñados específicamente para contener croquetas. Tu perro pasará tiempo intentando averiguar cómo sacar la comida. No uses alimentos pegajosos o húmedos, o podrás descubrir que atraerán hormigas en lugar de entretener a tu perro.

Estos juegos simples pueden ayudar a tu perro a aprender a buscar alimentos como recompensa y rastrear cualquier premio escondido que puedas dejar.

Capítulo 3: Los fundamentos del entrenamiento de la obediencia canina

El entrenamiento de obediencia es imprescindible si quieres que tu relación sea todo lo que pueda ser. La gente hace entrenamiento de obediencia para exactamente eso: obediencia. Pero un buen entrenamiento hace mucho más. Te hace feliz porque tienes un perro de compañía en quien puedes confiar para obedecer y comportarse. En cualquier situación, eso hace que sea mucho más fácil tener una relación positiva. Hace feliz a tu perro porque un cachorro o perro debidamente entrenado es seguro, feliz y productivo.

A medida que tú y tu perro van trabajando juntos en el entrenamiento, estás construyendo una relación sólida que confirma, con cada orden, que tú eres el líder de esta manada, y eso es bueno tanto para ti como para tu perro. Finalmente, el ángulo de obediencia es, de hecho, importante, ya que convierte a tu perro en un miembro valioso y querido de la familia, en lugar de un perro desentrenado que es nervioso, neurótico y posiblemente destructivo o incluso peligroso.

El entrenamiento de obediencia le da a tu perro algo que realmente necesita: un líder (tú) que pueda seguir. Sus antecedentes, que datan de la época en que era miembro de una manada de lobos, indican que está intrincado a querer un líder que pueda seguir. Sin ese liderazgo, el perro puede asumir el papel dominante, él mismo, y eso no es saludable para él, para ti y tu familia. El tiempo que pasas con tu perro en el entrenamiento de obediencia le hace saber que, en esta relación, tú eres el líder. Además, la mayoría de los perros quieren complacer a su líder, su dueño, y el entrenamiento le brinda a tu perro una comprensión clara de cuáles son tus expectativas y cómo complacerte.

El entrenamiento esencialmente establece la jerarquía de la manada de lobos para ti y tu perro. Una y otra vez, a medida que tu perro vaya trabajando y siguiendo tus órdenes, se alejará de sus propios deseos e impulsos para obedecer lo que tú le pidas. Es la misma respuesta sumisa que le daría al líder en su jauría de perros o lobos.

Trabajando juntos, aprendes a comunicarte con ellos. Si bien este libro cubre varias partes del entrenamiento, cada uno se basa en el refuerzo positivo; un enfoque en el que ganas a tu perro para que coopere de buena gana con lo que quieres que sea y haga. Al realizar este entrenamiento, hay un hecho fundamental que es importante que sepas: el respeto de tu animal no se puede ni se ganará a través de la fuerza, el manejo brusco o el castigo. Solo se puede obtener a través del tiempo que pasamos juntos en un entorno positivo, en el que tú, como líder, lo entrenas con técnicas basadas en el elogio y el respeto mutuo.

En su forma más simple, el entrenamiento de obediencia le enseña a tu perro lo que quieres que haga, y lo que no quieres que haga. Esto se basa en unas cuantas órdenes básicas que son cubiertas en el Capítulo 3, el cual representa lo que deseas que el perro haga. También abarca las cosas que no quieres que haga el perro, como avanzar cuando caminas con él, masticar tus zapatos y muebles, saltar sobre las personas y, en general, estar fuera de control.

Y el entrenamiento es divertido (o debería serlo) para los dos. Es una verdadera alegría cuando tu perro se da cuenta de que está a punto de trabajar en un entrenamiento y su respuesta es positiva. El entrenamiento es un regalo importante que te estás dando a ti mismo, a tu familia y a tu perro; de muchas maneras, hará la vida más satisfactoria, fácil y segura. Además, le abre el mundo a tu perro: puedes llevarlo con seguridad a caminar, a la playa o al parque para perros.

Puede que estés leyendo este libro porque quieres comenzar a entrenar un nuevo cachorro, o puedes estar entrenando a un perro adulto o mayor. Cualquiera que sea la edad de tu perro, puede ser entrenado con éxito para obedecer órdenes y ser un compañero agradable. Es cierto que es más fácil entrenar a los perros más jóvenes, ya que no tendrán que desaprender los malos hábitos o el mal entrenamiento. Pero debes saber que incluso un perro con problemas de comportamiento y confianza puede ser readiestrado exitosamente con las recomendaciones que se encuentran en este libro.

El entrenamiento de un perro adulto no es el mismo que el de un perro más joven. Cuanto más joven sea el perro, más corta es su capacidad de atención. Cuanto más joven sea tu perro, más cortas serán tus sesiones de entrenamiento para mantener el entrenamiento atractivo y positivo para tu cachorro o perro joven. Además, el entrenamiento debe ser equilibrado con la socialización: debes dedicar tiempo para socializar a tu cachorro, así como para entrenarlo, como se explicó en el Capítulo 1.

Es probable que desees buscar clases de entrenamiento de obediencia para apoyar y estructurar el entrenamiento de tu perro. Para los cachorros, especialmente, las clases de kínder y el entrenamiento para cachorros les dan estructura y una oportunidad para socializar.

Disciplina efectiva

Demasiadas personas asumen que, para disciplinar a un perro, necesitan golpearle la nariz, gritarle, atarlo solo en el patio o frotarle la nariz sobre el desastre que hizo. La verdad es que ninguna de estas tácticas funciona como disciplina efectiva para cualquier raza de perro. De hecho, podrías empeorar su comportamiento.

Para administrar formas efectivas de disciplina, es importante entender un poco sobre el lenguaje canino y luego modificar tus medidas disciplinarias para que se adapten a algo que tu perro pueda comprender. Ten en cuenta que un perro es más feliz cuando puede hacer feliz a su líder. Con suerte, te verá como su líder de manada.

Nunca le pegues a ningún perro, por ninguna razón. En lenguaje canino, esto se ve como una agresión no provocada. Él no entiende por qué estás atacando y esto podría desarrollar una sensación insalubre de miedo hacia ti. Ese miedo podría convertirse rápidamente en depresión, ansiedad, agresión u otros problemas psicológicos mientras tu perro intenta descubrir por qué eres violento con él, cuando todo lo que quería hacer era jugar contigo.

Siempre recuerda que un Labrador Retriever adulto tiene dientes y poderosas mandíbulas que podrían aplastar fácilmente todos los huesos de tu mano. Sólo elige no hacerlo. Generalmente, un perro tiene amor incondicional por su dueño, independientemente de cómo esté siendo tratando.

Si has aprendido cómo transmitir tu placer con buenas acciones, entonces ya deberías haberte dado cuenta de que tu perro anhela tu aprobación, atención y afecto. Para demostrarle que no estás satisfecho con algo, simplemente ignóralo por unos minutos. Dale la espalda, cruza los brazos sobre el pecho y mira hacia otro lado. En lenguaje canino, esta es una reprimenda severa.

Cuando modifique su propio comportamiento y esté haciendo lo correcto, elógialo profusamente con un tono de voz feliz y agudo. Dale una palmada cariñosa mientras le dices 'buen perro'. Aprenderá rápidamente que eres feliz cuando se comporta bien y que no recibirá ninguna de las cosas que más desea cuando actúa mal.

También es posible modificar el mal comportamiento con bastante facilidad. Por ejemplo, si atrapas a tu perro masticando algo tuyo, retira el objeto ofensivo, dile un 'ah ah' corto y reemplázalo con uno de sus propios juguetes. Felicítalo por jugar con su propio juguete y pronto entenderá la idea.

La importancia de las recompensas

Las recompensas son el reconocimiento del buen comportamiento y la capacidad de respuesta. Hacen que el entrenamiento sea positivo y le dan a tu perro una clara indicación de que su comportamiento es lo que quieres y esperas. El entrenamiento con recompensas es reconocido por casi todos los entrenadores y adiestradores como el método más agradable y efectivo para entrenar a tu perro, estableciendo al mismo tiempo una relación sólida con él.

Las recompensas y el refuerzo positivo hacen que tu perro esté ansioso y feliz de participar en su entrenamiento, ¡así que hazlo divertido! Conviértelo en un juego para que tú y tu perro se mantengan motivados. Haz un entrenamiento continuo y llévalo al siguiente paso. Utiliza premios que él realmente disfrute. Apoya el entrenamiento con el tiempo de juego, así podrás asegurarte de que siempre comience y termine con una nota positiva.

Cómo este libro se enfoca en el entrenamiento

Veamos un ejemplo de cómo este libro aborda el entrenamiento, mostrándote cómo puedes entrenar a tu perro para realizar la tarea básica de escorar, o caminar contigo con la correa suelta. Regularmente, esta es la primera orden que se enseña, y es bueno empezar con ella porque los perros responden bien con entrenamiento por recompensa.

El primer paso es comprar una buena correa de entrenamiento y un collar de entrenamiento que se ajuste a tu perro. Tu tienda local de mascotas o un entrenador profesional puede aconsejarte para realizar la compra del collar correcto.

Comienza caminando con tu perro y observa su posición. Su cabeza debe estar relativamente pareja con tu rodilla. Eso le da la oportunidad de anticipar qué tan rápido estás caminando y cuándo vas a parar, o si vas a devolverte. El propósito de entrenarlo para escorar es que él coincida con tu ritmo y dirección, no para que coincidas con el suyo.

Si tu perro se adelanta mientras vas caminando, jala suavemente la correa. El jale se enganchará en el collar y le recordará que debe disminuir la velocidad y combinar tu ritmo. Sólo da el tirón necesario para reducir la velocidad, pero si necesitas dar un tirón más fuerte para que tu perro obedezca, hazlo.

En cambio, si tu perro comienza a quedarse detrás de ti, disminuye la velocidad y aliéntalo suavemente a que avance. Él está aprendiendo tus deseos y expectativas. Puedes utilizar un juguete o pedazo de comida favorita para impulsarlo hacia adelante hasta que esté caminando a tu lado en la posición correcta, con la cabeza relativamente pareja a tu rodilla. Una vez que esté en la posición correcta, mantén la comida o el juguete nivelado en esa posición, para mantenerlo cerca.

Estás esperando que el perro entienda que quieres que camine con la cabeza en tu rodilla y que responda a tus elecciones. Acelera, y él también debería acelerar. Reduce la velocidad y gira. Cuando se acomode al cambio, teniendo la cabeza en la posición correcta, felicítalo con entusiasmo y dale un regalo. Siempre recuerda: él aprenderá y lo hará bien con tu refuerzo positivo.

En los primeros días del entrenamiento, por cada buen comportamiento, es mejor recompensar con un poco de comida y muchos elogios entusiastas. Incluso los intentos mínimos de complacer deberían ser recompensados. A medida que avance el entrenamiento, puedes reducir los premios y recompensar a tu perro cuatro veces de cinco, sólo con elogios. Es mejor para su nutrición y cintura, ya que no quieres que siempre se llene con premios.

No importa lo que te haya dicho alguien más: debes saber que el entrenamiento basado en el castigo y el regaño no es tan efectivo como el entrenamiento basado en el refuerzo positivo. Además, el entrenamiento basado en la negatividad desmoraliza a tu perro, hiere su confianza y perjudica su relación contigo. Claro, de vez en cuando pueden necesitarse reprimendas por comportamientos como saltar, perseguir o morder; pero en el fondo, la mayoría de los perros quieren complacer a sus dueños: el líder de su manada. Reprime para alejarlo del peligro inmediato, y realiza nuevamente el entrenamiento positivo.

Aquí hay un ejemplo: Vuelves a casa después de un largo día, cruzas la puerta y ves a tu perro masticando tu zapato. Cuida tu energía y no exageres. Simplemente di "¡no!" o "¡quítate!" (según la orden que elijas y estarás usando de manera constante), quítale el zapato, e inmediatamente entrégale uno de sus juguetes. Cuando comience a masticarlo, felicítalo con entusiasmo y ponte a la altura de sus ojos, si es posible. Le acabas de enseñar lo que esperas de él: esperas que mastique; masticar su juguete está bien, masticar tu zapato no lo es.

Así que tómate el tiempo para enseñarle a tu perro, ya sea cachorro, perro adulto o mayor, los comportamientos que deseas ver. Entrena regularmente, por períodos cortos de tiempo. Mantenlo positivo y hazlo divertido. Estás invirtiendo en años de maravillosa relación con tu animal de compañía.

Capítulo 4: Las seis órdenes básicas

Probablemente tienes buenas razones para querer que tu perro esté calmado, sea obediente y receptivo a las órdenes. Si eres como la mayoría de las personas, probablemente estás entrenando a tu perro para que sea un mejor acompañante para ti y tu familia.

Tiene mucho sentido entrenar a tu perro por tus propios motivos y tu propio placer, pero debes saber que el entrenamiento que le sigue también te lleva a tener un perro más feliz. Y uno más seguro: es menos probable que tu perro tenga enfrentamientos con otros perros y con otras personas. Tus amigos y vecinos apreciarán que tu perro no sea una amenaza. Como era de esperar, los estudios han demostrado que los perros bien entrenados son mucho menos propensos a atacar, morder o exhibir otros problemas de comportamiento.

Si eres como la mayoría de las personas, estás entrenando a tu perro para que sea un mejor acompañante para ti y tu familia.

Y, por supuesto, entrenar bien a tu perro también lo hará un mejor compañero de familia, especialmente en los hogares donde hay niños pequeños. Muchos estudios han demostrado que el entrenamiento adecuado tiene un gran impacto al tratar de reducir el número de mordeduras de perro y otros problemas de comportamiento que enfrentan los dueños.

¿Qué hace que un perro esté verdaderamente entrenado? Comencemos con las órdenes básicas que todo perro entrenado debe ser capaz de comprender y seguir. Puedes tener otra palabra para estas órdenes, pero las cosas básicas que un perro debería saber hacer son:

Ven: Por el bien de la conveniencia y la seguridad de tu perro y de los demás, tu perro debe responder inmediatamente cuando lo llames para que acuda a ti.

Sentado: La orden para sentarse coloca a tu perro en una posición de espera atenta, y tiene mayor capacidad de escuchar y prestar atención a lo que le pidas después.

Quieto: Debes poder esperar que tu perro permanezca en su lugar cuando se lo ordenes.

Abajo: Esta posición te coloca como el "líder" de la manada de tu perro y te otorga la autoridad necesaria para garantizar que tu perro obedezca órdenes más complejas.

Caminar al lado: Un buen perro de compañía camina a tu lado con la correa suelta, y elige sus movimientos basándose hacia donde siente que te diriges, y nunca tira de la correa ni se queda atrás.

Alto (inmediato): Cuando escucha la palabra "no", un perro bien entrenado deja inmediatamente lo que sea que esté haciendo cuando te escucha decir la palabra "no". Puedes imaginar muchas situaciones en las que puedes aplicar la esencial orden del "no". Es esencial que tu perro sepa y obedezca esta orden.

La obediencia constante cuando escuche que le dices estas seis órdenes básicas le dará a tu perro una base sólida para realizar el entrenamiento más complejo. Además de esto, también recorrerá un largo camino para corregir los problemas básicos del comportamiento. Finalmente, él formará las bases para realizar el entrenamiento más complejo, por lo que es importante dominarlo completamente antes de continuar.

Se recomienda enseñar estas órdenes en este orden, dominando completamente una antes de pasar a la siguiente. Recuerda: sé paciente, consecuente y dale elogios.

Enseñando las seis órdenes básicas

Sentado

Esta orden es un buen lugar para empezar tu entrenamiento. Inicialmente, comienza su entrenamiento en un área conocida para tu perro, libre de distracciones. Una vez que tu perro haya dominado la orden básica, podrás trasladarlo a un área más difícil y menos familiar, y combinarla con la orden de caminar al lado.

Para empezar, ten a tu perro de pie directamente frente a ti, y un pequeño y sabroso premio en tu mano. Ahora simplemente pon tu mano, la que tiene el premio, a unos centímetros de la nariz de tu perro y mueve tu mano hacia arriba y hacia atrás de su cabeza, manteniendo tu mano a solo unos centímetros de distancia. Tu perro seguirá el premio con su cabeza, y su cola terminará en el suelo en una sentada. Tan pronto como su trasero haga contacto con el suelo, dale el premio y elógialo.

Repite este paso unas cuantas veces. Luego, agrega la orden. Justo antes de comenzar a mover la mano, di "sentado". Inmediatamente mueve tu mano como antes, y dale a tu perro abundantes elogios (y el premio) tan pronto como sus cuartos traseros hagan contacto con el suelo. Pronto, tu perro estará entrenado para responder a esta orden sin el premio.

Una vez que tu perro haya dominado la orden en un área conocida, intenta hacerlo en áreas más desafiantes, como el jardín o un parque. Es importante que tu perro sepa responder a la orden "sentado" en todo momento y en cualquier lugar. Una vez dominada, podrás combinar la orden "sentado" con la siguiente orden: caminar al lado.

Caminar al lado

Si quieres caminar con tu perro con una correa, es esencial entrenarlo. Es patético ver al dueño de un perro ser arrastrado por la calle por un perro grande que está ignorando las súplicas para que se detenga, frene, y comporte. Es igualmente desagradable ver a los dueños teniendo que arrastrar a un perro reacio que está tratando de quedarse atrás. Un perro bien educado y entrenado caminará a tu lado, generalmente teniendo la cabeza alineada con tu rodilla, listo para responder cuando sienta que estás disminuyendo la velocidad, acelerando o girando.

Al entrenarlo para que camine a tu lado, usa un collar de entrenamiento y recuerda que la nariz del perro debe estar alineada con tu rodilla. Cuando comiences a caminar con tu perro, si se adelanta, puedes tirar suavemente de la correa. Cuando lo hagas, el collar de entrenamiento se tensará y le recordará suavemente que debe retroceder, manteniendo su nariz alineada con tu rodilla.

Si tu perro se queda detrás de ti, llévalo suavemente hacia adelante. Puedes tratar de sostener un juguete para atraerlo.

En las primeras etapas del entrenamiento, mantén un ritmo

constante. Una vez que tu perro haya comenzado a dominar la orden y esté caminando a tu lado, con la nariz alineada con tu rodilla, intenta variar el ritmo para que pueda practicar la alineación de su ritmo con el tuyo. Recuerda: nunca ajustes tu ritmo para que coincida con el ritmo de tu perro. Es su trabajo hacer coincidir tu ritmo.

Puedes seguir este entrenamiento combinando la orden "sentado" y desafiando a tu perro para que siga correctamente cuando gires y te dirijas hacia otros lugares. Estas prácticas le enseñarán a tu perro a ver hacia dónde quieres ir, anticipar tus movimientos y acompañarte sin problemas y con facilidad. ¡Buen perro!

Para combinar este entrenamiento con la orden "sentado", cuando estés caminando con tu perro, detente abruptamente. Si tu perro no se detiene cuando tú te detienes, simplemente haz un tirón leve a la correa para recordarle a tu perro.

Una vez que el perro se haya detenido a tu lado, dale la orden "sentado" y pídele que se siente, colocando tu mano sobre sus cuartos traseros y empujando suavemente. Recuerda: no uses demasiada presión, y empuja de manera constante y lenta, y no de forma brusca.

Al igual que con todo el entrenamiento, repite, repite, repite, con constancia y paciencia, hasta que tu perro responda como desees. Sabrás que tu entrenamiento está teniendo el efecto deseado cuando te detengas y tu perro se sienta solo, automáticamente, sin la orden.

Dando la orden del "no"

Es imperativo que tu perro sepa y responda prontamente a la palabra "no". Esta orden ayudará a evitar la confusión entre qué comportamientos deseas y qué comportamientos no.

El "no" te ayuda a decirle a tu perro que no está haciendo lo que quieres; identifica el comportamiento no deseado. El tiempo es importante: di "no" de forma clara y un poco brusca cuando tu perro haga algo que no quieras. Luego realiza una acción, como quitarle el premio o tirar un poco de la correa. Nota: tu instinto puede realizar la acción, luego decir que "no". Revierte eso; al decir "no" y luego realizar la acción, obtendrás una mejor respuesta y entrenarás a tu perro para que responda al "no" de forma más rápida.

La orden "quieto"

La orden "quieto" es otra orden que sentará las bases para tener un entrenamiento más complejo y avanzado, por lo que es importante que tu perro la domine.

Elije un momento en que tu perro esté relajado y sin tanta energía (hacer una caminata antes de enseñarle esta orden puede darle a tu perro una buena actitud hacia el entrenamiento).

Deberías haber dominado la orden "sentado". Coloca a tu perro en una sentada, y lentamente comienza a alejarte de él, sujetando flojamente la correa. Tu perro quiere estar contigo, y su instinto probablemente lo hará pararse y comenzar a seguirte. Cuando lo haga, regresa hacia él y pídele nuevamente que se siente; luego, retrocede nuevamente.

A medida que vayas repitiendo este proceso, tu perro comenzará a comprender y permanecerá sentado mientras te alejas. Una vez que tu perro haya dominado este paso, podrás empezar a soltar la correa a medida que vayas retrocediendo. Luego, déjala caer y retrocede más. Es natural que tu perro se distraiga, se pare y comience a moverse. Como siempre en este entrenamiento, solo sé paciente, consistente y elógialo abundantemente cuando haga un buen trabajo. Él lo hará. Se siente bien cuando puedes dejar a tu perro "sentado", alejarte y saber que se quedará quieto. Cuando eso suceda, elógialo y también date una palmadita en la espalda.

La orden "abajo"

Enseñarle a tu perro la orden "abajo" te da la capacidad de mantenerlo en un solo lugar. Esta orden puede llevarte un poco más de tiempo y paciencia para enseñarle, pero es útil para ayudar a tu perro a calmarse cuando está estresado. Además, lo colocará en una posición que permita que los demás se sientan cómodos al conocerlo y acariciarlo.

Empieza teniendo un premio en tu mano, con tu perro sentado o parado. Inclínate, deja que tu perro huela brevemente el premio, y comienza a bajar el premio al piso. Di "abajo" cuando tu perro empiece a descender. Una vez que esté en el piso, debes tener el premio entre sus patas. Dáselo, pero solo después de que esté en el suelo. Luego, elógialo.

Una vez que tu perro domine esta orden, combínalo con la orden "quieto" para tener la capacidad de poner abajo a tu perro y saber que se quedará allí.

Una nota: muéstrate sensible a la superficie en la que se encuentra tu perro. No le pidas que se quede "abajo" y "quieto" sobre una superficie caliente o pedregosa.

La orden "alto"

La orden "alto" no es tan conocida y es útil para entrenarlo para que no persiga automóviles, bicicletas, personas o gatos.

Los ciclistas te dirán cuán molesto y aterrador es el momento en el que un perro los persigue. Y, el instinto de tu perro puede ser el de perseguir, pero para eso es el entrenamiento. Si tu perro responde cuando ve a un ciclista, un gato u otro objeto en movimiento y comienza a tensar la correa, simplemente di "alto" y tira de la correa. Con tiempo, paciencia y abundantes elogios por el buen comportamiento, tu perro aprenderá a responder a la orden, sin sentir el tirón que la acompaña.

Si has completado este entrenamiento y tú y tu perro han dominado estas seis órdenes, ¡felicitaciones! Has empezado bien, y ahora tienes un gran compañero amoroso y agradable. Pero eso no es todo, has hecho muchas cosas para fortalecer el vínculo que tienes con tu perro y reforzar tu posición como líder de la manada. Te puede sorprender saber que un perro entrenado en obediencia es un perro más feliz y estable. Los perros son animales de manada y el entrenamiento respalda la necesidad de tu perro de saber quién es el líder de la manada, para confiar en él. Así que, colocarte como líder de la manada significa que tu perro responderá a tus órdenes y se sentirá seguro al saber que conoce lo que se espera de él.

Y considera las otras ventajas de este entrenamiento. Tu perro se ejercitó (¡muy bien para él y para ti también!). Él se siente logrado y más seguro porque le pediste muchas cosas y fue capaz de cumplirlas. Esencialmente, le has dado un trabajo que hacer; como lo han criado durante cientos de años. Los perros fueron criados para pastorear, cuidar y proteger. Hoy, con mayor frecuencia, tu perro no es un animal de trabajo sino un animal de compañía, pero el instinto y la necesidad de trabajar todavía están presentes en él, y este entrenamiento le ayudó a satisfacer eso. Le has dado algo que hacer, y eso contribuye en gran medida a contrarrestar el comportamiento malo o neurótico.

Este entrenamiento y el entrenamiento que continuarás haciendo a medida que vayas avanzando en este libro comprometerán su mente y cuerpo. Ese es un logro especialmente importante para las razas de alta energía, como los Labrador Retriever. Todos los perros, en particular los perros de alta energía, necesitan un lugar para poner su energía extra, de manera que también les brinde (y a ti) el deleite.

Los próximos capítulos abordarán varios métodos para el entrenamiento del perro y te ayudarán a elegir el método adecuado para ti y tu perro.

Capítulo 5: Entrenamiento con una correa o collar

Probablemente sabes que hay una gran variedad de métodos para el entrenamiento de un perro. ¿Cómo eliges el que es adecuado para ti? Los siguientes capítulos describirán la intención y los métodos de varias formas de entrenamiento. Todos cumplen con la pauta principal: que ellos forjen una relación fuerte, positiva y de confianza entre el dueño y el perro, basada en obtener y mantener el respeto del perro (el cual no debería ser difícil, ya que su naturaleza requiere un líder, y seguir la dirección de su líder elegido).

Los métodos más tradicionales para el entrenamiento son el entrenamiento con correa y el entrenamiento con collar. Ambos tienen una gran historia de éxito comprobado. Al mismo tiempo, los perros varían, y las personalidades individuales también varían. A medida que vayas leyendo estos métodos, es probable que encuentres el que mejor se adapte a ti y a tu perro.

Las personalidades de los Labrador Retriever pueden variar, y las experiencias que ha tenido tu perro, antes y después de haber llegado contigo, son una influencia. Lee acerca de estos métodos, elige uno que se adapte mejor a ti y a tu perro y, si estás buscando un entrenador, busca uno que ofrezca ese método.

Para muchos dueños, el método tradicional del entrenamiento con correa o collar será apropiado y producirá los resultados que desean. Estos dos métodos son particularmente útiles si necesitas entrenar a tu perro para que sea particularmente confiable; si tendrá un trabajo que hacer, como trabajos de rescate, o si sirve como perro guardián o perro policía.

Estos dos tipos de entrenamiento usan diversos tipos de fuerza; desde un ligero impulso con la correa, hasta hacer correcciones más duras. Para que el entrenamiento sea efectivo, es importante que el grado de fuerza utilizado sea apropiado para cada situación de entrenamiento.

El entrenamiento con collar y correa primero le enseña el comportamiento, generalmente, usando la correa. Una vez que el perro muestra comprensión y obediencia hacia la orden, se usa la correa para corregir al perro si no obedece, según sea necesario. En el entrenamiento de collar y correa, el entrenador usa la correa para controlar y comunicarse con el perro.

Con este tipo de entrenamiento, es importante que el perro confíe en el entrenador y que lo obedezca sin cuestionarlo. La prueba de si el perro fue entrenado o no con éxito es la capacidad del entrenador de poner al perro en una postura o posición en la que él se resista; una que el perro no quiera hacer. Si bien eso no involucra el uso de la fuerza, por lo general requiere algún nivel de manipulación, y esa manipulación se realiza con la correa, por razones de seguridad y facilidad.

Así que, la correa funciona como una herramienta de entrenamiento, y durante el entrenamiento, es una herramienta importante. Una vez que termine, el objetivo es que el entrenador obtenga obediencia sin la correa o utilizando otra herramienta.

Un ejemplo de otro tipo de herramienta sería el cuerpo, las señales y la habilidad del dueño. Usando esas, el adiestrador necesitaría esperar la obediencia. Por esa razón, es importante crear una relación en la que el entrenador sea claramente el líder, y el perro, el seguidor. La correa no debe usarse como una muleta, y un perro que ha sido entrenado adecuadamente debe estar dispuesto a obedecer si el adiestrador usa la correa, o no.

Cómo funciona el entrenamiento con collar y correa

Si eliges entrenar a tu perro, centrándote en el entrenamiento con collar y correa, es importante usar adecuadamente el collar de entrenamiento y la correa. ¿La razón? El entrenamiento depende de la presión aplicada por el collar de entrenamiento, ya que está diseñado para aplicar diversos grados de presión; cada vez que se ajuste la correa. La presión que transmites a través de la correa se convierte en algo que se transmite a través del collar de entrenamiento. El collar es ajustable para variar la presión, de acuerdo con la respuesta del perro.

La variabilidad de la presión te permite ajustarla de acuerdo con su respuesta al entrenamiento; diferentes perros responden de manera diferente, por lo que una presión flexible es útil. Por ejemplo, la primera vez que tu perro se encuentre con el collar y la correa, puede que pelee y le tome un poco de tiempo adaptarse a él, mientras que otros perros pueden no reaccionar en absoluto. En este método de entrenamiento, es importante observar cómo reacciona tu perro y adaptar la presión y el programa de entrenamiento, respectivamente.

Comienza por comprar un collar de entrenamiento de calidad que se adapte a tu perro. Hay varios collares y correas a elegir. No escatimes en esta compra. Imagínate persiguiendo a tu perro mientras va corriendo hacia una calle concurrida. Ahí comprenderás por qué es importante comprar productos de calidad que no se rompan y hagan que tu perro corra libre y fuera de tu control.

Mide la circunferencia del cuello de tu perro, y compra un collar dos pulgadas más grande, aproximadamente. Al estar midiendo, la cinta de medir no debe estar floja, pero tampoco debe estar apretada y ajustada contra el cuello del perro.

Elige algo más grande; la mayoría de los collares que encontrarás se ofrecen en números pares, así que puedes redondear el tamaño si tu medida es un número impar de pulgadas (es decir, si el cuello de tu perro mide 7" y el collar que tú quieres se ofrece en números pares, entonces compra un collar de 8" en lugar de uno de 6"). La cadena que se adhiere al collar de entrenamiento debe ubicarse en la parte superior del cuello de tu perro para aplicar la presión correcta.

El collar de entrenamiento es una herramienta efectiva de entrenamiento porque está diseñado para aplicar presión en diversos grados y aliviar la presión aplicada al instante. Usarlo requiere que el adiestrador se familiarice con el collar; algunos estilos son fáciles de usar, mientras que otros requieren más delicadeza. Si necesitas ayuda para elegir, un entrenador profesional o un gerente informado de una tienda de mascotas puede ayudarte a elegir el collar apropiado. Tu primer paso es familiarizarte con el collar y ver cómo funciona. Examínalo y observa cómo se tensa el collar al tirar de la correa.

Una vez que te hayas familiarizado con el collar y visto cómo funciona, estás listo para empezar a usarlo y entrenar a tu perro a caminar con una correa. Tu objetivo aquí es entrenar a tu perro para caminar a tu lado con la correa suelta. Él debería mantener su cabeza relativamente alineada con tu rodilla, y nunca debe avanzar o quedarse atrás de ti. Así, tu perro podrá variar su ritmo para que coincida con el tuyo. Nunca modifiques tu ritmo para que coincida con el ritmo del perro; el objetivo es que el perro se ajuste a ti, y no al revés.

Si tu perro se queda atrás o se sigue de largo, corrígelo inmediatamente tirando de la correa, para recordarle que debe ajustar su ritmo. Tan pronto como responda, afloja inmediatamente la correa para aliviar la presión.

La belleza del collar y la correa de entrenamiento es que la mayoría de los perros responden inmediatamente ante una ligera corrección. Si tu perro no responde, puede deberse a que ha fortalecido los músculos en su cuello por problemas de comportamiento preexistentes. En ese caso, el perro necesita una mayor corrección, y tendrás que aplicar una mayor presión. Si después de aplicar mayor presión, tu perro todavía no responde bien, verifica que el collar de entrenamiento sea lo suficientemente grande. A este punto, puede que quieras pedirle ayuda a un entrenador para comprender qué es lo que te impide realizar el entrenamiento.

Enseñando a un cachorro a aceptar su collar y correa

El primer paso para entrenar a tu cachorro, y lo más importante, es que aprenda a caminar usando un collar y una correa. Debe sentirse cómodo usando el collar y la correa para que el entrenamiento posterior sea efectivo y, de hecho, para que sea posible.

Algunos cachorros, no muchos, aceptan el collar y la correa sin problemas. Si el tuyo no lo hace, no te preocupes. Es un proceso. Sigue estos pasos y, en poco tiempo, tu cachorro aceptará la correa y el collar, y estará listo para el entrenamiento que viene a continuación.

Encuentra el collar adecuado para tu cachorro; uno que se ajuste, y que no sea demasiado liviano ni demasiado pesado, ni demasiado grueso ni demasiado fino. El primer paso para lograr que el cachorro acepte el collar y la correa es encontrar un collar que le quede bien. Es importante que el collar no sea demasiado liviano (o se rompa) ni demasiado pesado (incómodo de usar), ni demasiado delgado ni demasiado grueso.

Para determinar el tamaño correcto del collar, mide la circunferencia del cuello de tu perro y compra un collar que sea aproximadamente 2" más grande. Al medir, la cinta de medir no debe estar floja, pero tampoco debe estar apretada y ajustada contra el cuello del perro.

La mayoría de los collares se dimensionan en incrementos de dos pulgadas, por lo que es posible que tengas que redondear para comprar un collar del tamaño adecuado. Por ejemplo, si el perro tiene un cuello de 13", necesitarías comprar un collar de 14", y así sucesivamente.

Una vez que tengas el collar correcto, estás listo para ponérselo a tu cachorro. Haz esto en el ambiente más seguro: tu hogar. Solo vas a dejar que el cachorro use el collar alrededor de la casa. No te preocupes si tu cachorro está estresado y no está contento con el uso del collar, o si gime y trata de quitárselo. Este es un comportamiento normal. No debes castigarlo, ni consolarlo. Solo ignóralo y déjalo que solucione sus problemas por su cuenta.

Sé paciente: deja que el cachorro use el collar por varios días, sin quitárselo, para que se acostumbre a sentirlo. Después de que hayan pasado varios días y el cachorro se haya acostumbrado por completo, ya está listo para comenzar a trabajar con la correa.

Elige una correa ligera. De nuevo, ten al cachorro en casa, coloca la correa en su cuello y simplemente deja que el cachorro deambule por la casa, acostumbrándose a la sensación de la correa y el collar. Quédate cerca, pero dale espacio para que deambule solo. Asegúrate de que no se quede atorado en muebles u otros objetos, ya que si lo atrapan, podrían asustarlo y retrasar tu progreso.

Cuando empieces el entrenamiento, solo coloca la correa por un corto tiempo; unos minutos más o menos. Hazlo durante los momentos en que el cachorro esté contento: cuando juegues, cuando sea la hora de la comida, etc. Incluso cuando no esté puesta, mantén la correa cerca del tazón de agua del cachorro, para que pueda investigarla cuando quiera y así familiarizarse con él. Así se dará cuenta de que no es algo que a lo que deba temer.

Si sigues estos primeros pasos y eres paciente, tu perro pronto se acostumbrará a caminar por la casa con la correa atada. Ahora él está listo para el siguiente paso. Coloca la correa, y después de un momento, toma el extremo de la misma en tu mano y sostenla. No estás intentando caminar con tu perro ni dirigirlo de alguna manera; simplemente estás sujetando la correa y dejando que el perro vaya donde desee, y tú estás siguiéndolo, con la correa en la mano.

Evita dejar que la correa se tense. Dale a tu perro una buena experiencia con este paso, llamándolo hacia ti cuando sostengas la correa, y si él viene, recibirá muchos elogios y un sabroso refrigerio. Pase lo que pase, solo permite que tu cachorro reaccione de cualquier manera, y que se mueva como él desee. Al sostener el extremo de la correa, estás dejando que se acostumbre a la sensación del collar y la correa.

De nuevo, tómate tu tiempo con este paso, ya que el éxito futuro dependerá de que le des tiempo para que se acostumbre a la sensación del collar y la correa antes de intentar dirigirlo. Mantén este período inicial de "acostumbrarse" en los lugares en los que tu perro se sienta seguro. Probablemente, tu hogar.

Una vez que el perro se sienta cómodo y seguro, intenta dejar que se acostumbre a la sensación del collar y la correa allá afuera. Comienza poco a poco: elige un patio trasero cerrado o un patio pequeño que esté al aire libre, pero que sea seguro y familiar. Conviértelo un ejercicio muy corto, especialmente al principio. Puedes alargar el tiempo, visita por visita. Cuando sea el momento adecuado, lleva a tu cachorro a recorrer el vecindario, con el collar puesto y la correa en la mano. Tendrá la oportunidad de conocer a los vecinos para socializar un poco, y tú podrás empezar a ayudarlo a aprender a manejar las distracciones.

Ten en cuenta las características de tu cachorro mientras decides qué tan rápido avanzar con estos pasos de entrenamiento. Algunos cachorros practican con el collar y la correa como si los llevaran puestos desde el primer día que comenzaron a caminar y explorar; otros toman más tiempo. Sé consciente de lo que tu cachorro necesita para sentirse seguro y confiado.

Si parece que tu cachorro está desarrollando el hábito de masticar su correa, combátelo poniendo una sustancia de mal sabor como Bitter Apple o salsa Tabasco en la correa. Asegúrate de saber que lo que elijas no sea tóxico.

El entrenamiento con collar y correa es un requisito básico para cualquier trabajo adicional que hagas con tu perro. Nunca se debe sacar a ningún perro, ya que podría interactuar con otros animales o personas, sin llevar el collar y la correa. Incluso si tu perro es el Señor Amistoso y no representa una amenaza para nadie, no puedes controlar las acciones de los demás. Si un niño se apresura involuntariamente hacia tu perro, u otro perro se abalanza sobre ti, es importante que tengas el control. Y, por supuesto, un collar que tenga etiquetas con tu información de contacto es una precaución que te ayudará a recuperar a tu perro, en caso de que ocurra algo inesperado y termine lejos de tu hogar.

Durante las primeras etapas del entrenamiento con collar y correa, recuerda darle todo el tiempo que necesite para sentirse completamente cómodo con ellos. Si él tira, da vueltas o actúa infeliz, simplemente deja que haga las paces; lo hará, en su momento. Nunca lo castigues por jugar o resistirse con el collar. En cambio, intenta distraerlo con un juguete, una invitación para jugar, o su premio favorito.

Entrenando a tu perro para que no tire de la correa

Los dueños regularmente luchan con su perro, y él es quien está tirando de la correa. Sin duda, has visto a alguien que es paseado por el perro, y no al revés (¡ojalá que no hayas experimentado esa situación vergonzosa!).

Es importante abordar esto, no solo porque hace que el tiempo con tu perro sea menos placentero, sino porque es un problema de seguridad. El jaloneo constante puede hacer que se rompa el collar o la correa, o que la correa se salga de tu mano; ahora tienes un perro testarudo y agitado corriendo libre, lo cual es un peligro para él y para otros. Tirar también puede ponerte, como adiestrador, en una situación peligrosa si el perro sale corriendo.

Un perro que tira de la correa puede estar agitado y ser incapaz de controlar esa excitabilidad. O puede estar teniendo problemas de autoridad, ya que no está dispuesto a darte el control como el "alfa" de la relación. Si tu perro comienza a tirar por la excitabilidad, dale la oportunidad de calmarse; solo quédate en silencio por un minuto o dos hasta que la situación pase, o el perro se mueva, además de estar agitado y reactivo.

Sin embargo, si tu perro está reafirmando su dominio, probablemente tengas que volverlo a entrenar, ya que es esencial que tengas el papel dominante en tu relación. Tienes que tener el respeto del perro en todo momento para que el entrenamiento que estes haciendo sea efectivo.

Cuando tu perro intente ser el dominante en la relación, retrocede y repasa las órdenes básicas hasta que esté totalmente sumiso y obediente. Podrías descubrir que una escuela de entrenamiento formal, o un método formal para el reentrenamiento, es útil. También debes considerar obtener asesoramiento de un entrenador sobre lo que tú, como adiestrador, podrías estar haciendo para agravar la situación. Regularmente, un adiestrador inexperto está respondiendo por instinto, y esas respuestas pueden complicar la relación entre el alfa adiestrador y el perro obediente que deseas.

Quieres un perro que esté tranquilo y que acepte el collar y la correa. Establece el tono, incluso antes de colocar el collar. Es natural que a tu perro le emocione salir a caminar juntos, pero debes establecer el control al insistir (gentilmente) en que el perro se calme y se quede quieto para que le pongas el collar. Si se mueve, se levanta mientras se lo estás poniendo o se levanta sin tu permiso una vez que lo tiene puesto, inmediatamente ponlo de nuevo en una "sentada". Solo debes seguir caminando con él una vez que se siente con calma, y hasta que lo liberes de esa orden.

Asegúrate de que su obediencia tranquila continúe mientras caminas hacia la puerta. Cualquier salto o tirón debe ser abordado diciéndole inmediatamente a tu perro "sentado/quieto". Una vez que el perro haya obedecido y esté tranquilo, vuelve a acercarte a la puerta, pero si él actúa, repite las órdenes hasta que camine contigo de forma tranquila y en la posición correcta (nivel de la cabeza alineada con la rodilla).

El perro tampoco debe tirar y arrebatar una vez que llegues a la puerta. Si eso sucede, vuelve a entrar a la casa, cierra la puerta detrás de ti, y repite todo el proceso hasta que pueda hacerlo con calma. Es importante que comiences la caminata estando completamente bajo control.

La calma y el control son vitales; y también lo es la concentración. En todo momento, tu perro debe centrarse en ti, tus necesidades y órdenes. Su comportamiento debe basarse en tu guía, no en sus propios impulsos y deseos. Puedes reforzar esta dinámica iniciando y deteniendo la caminata con frecuencia, con la expectativa de que tu perro también se detenga y se siente inmediata y automáticamente. Entrénate (sí, ¡también se trata de entrenarte en buenos hábitos!) para pedirle al perro que se detenga y se siente inmediatamente cada vez que te detengas durante la caminata. Eso entrenará a tu perro para que se concentre en ti.

Cuando estés caminando y te detengas, asegúrate de que tu perro esté centrado en ti y de que se siente inmediatamente. Luego comienza a caminar hacia adelante otra vez. Si el perro se adelanta, para de manera abrupta y ordénale que se siente. Repite, dando solo unos pocos pasos, hasta que el perro se quede automáticamente a tu lado, se enfoque en ti mientras camine y se siente automática e inmediatamente cuando te detengas. Entonces ¡recuerda el requisito final: elogio y/o recompensa por la obediencia!

Nunca continúes caminando si tu perro jala la correa. Si lo haces, en realidad lo estarás recompensando por su mal comportamiento. Una buena manera de pensarlo es esta: tu perro está aprendiendo cómo comportarse, ya sea que lo estés enseñando conscientemente o no. Si aprende las cosas equivocadas, ambos tendrán mucho más trabajo para aprender las cosas correctas y, después, de la manera correcta.

Sé consistente. Cada vez que tu perro se adelante, ya sea durante el entrenamiento inicial, o dos años más tarde, detente inmediatamente y ponlo en una "sentada". Mantenlo sentado hasta que se concentre en ti, y mantén la posición y la concentración durante unos segundos antes de seguir nuevamente.

Realizando el entrenamiento de tu perro sin la correa

Hay una verdadera sensación de libertad y placer para muchos dueños una vez que su perro está entrenado lo suficientemente bien como para quitarle la correa. Hazte un favor y no dejes la correa hasta que tu perro sea sumiso, y obedezca por completo. Espera hasta que el perro haya dominado todas las órdenes básicas: sentarse, estar quieto, acudir a un llamado, etc., con correa, antes de probarlo sin correa.

Incluso si tu perro se comporta a la perfección, ten cuidado las primeras veces que se libera de la correa. Al igual que con el otro entrenamiento, comienza en un entorno seguro y familiar, como el patio trasero cercado de tu hogar. Piénsalo de esta manera: has estado trabajando con un instrumento de control fuerte y confiable, una correa. Ahora estás eliminando ese control. Tu perro debe obedecer tus órdenes tan irreflexivamente y de manera confiable como lo haría si tuviera una correa.

Por lo tanto, las primeras veces que le quites la correa, no debería ser en una zona muy transitada. Pruébalo en un entorno aislado para estar seguro, absolutamente seguro, de que obedecerá tus comandos de voz todas y cada una de las veces.

El entrenamiento debe centrarse en la desensibilización de tu perro hacia las distracciones. Por ejemplo, colócalo en un entorno seguro, como tu patio trasero cercado. Con tu perro con correa, ordénale que se siente a tu lado (la cabeza alineada con tu rodilla). Luego inténtalo con distracciones, como otras personas que pasan caminando o paseando a su perro. Mira cómo reacciona tu perro. Él debe permanecer sentado y concentrado; si él tira de la correa, inmediatamente ponlo en la posición de sentado o quieto otra vez.

Debes repetir este ejercicio hasta que veas que tu perro permanece sentado o quieto a pesar de las distracciones. Luego prueba con las distracciones, sujetando la correa al principio y luego soltándola. Debe permanecer sentado o quieto. Una vez que haya completado con éxito ese ejercicio varias veces, hazlo sin correa, por completo. Ponlo a prueba, tentándolo con una variedad de distracciones: gatos, pelotas rodantes, ruido, etc.

Ahora intenta con otras órdenes básicas, sin correa y con distracciones. Por ejemplo, invita a un par de vecinos y sus perros a participar. Cuando los perros comiencen a jugar entre ellos, llama al tuyo para que vaya contigo; prémialo cuando lo haga. Déjalo volver a jugar, y llámalo de nuevo. El punto aquí es que no importa lo que le interese, sus propios intereses se dejan de lado cuando le das una orden y transmites una expectativa. Recuerda, como siempre, cuando obedezca, dale muchos elogios o un premio como recompensa.

A continuación, practica en un lugar lleno de distractores, pero que esté cercado para garantizar la seguridad de tu perro, como un parque para perros. Deja que juegue y olfatee a voluntad; pero cuando lo llames, debe venir de inmediato. Elógialo y déjalo ir a jugar; luego llámalo de nuevo. Esto le enseñará a acudir a ti cuando lo llames, pase lo que pase, y dejar que regrese a lo que le gusta lo hará adquirir el hábito de obedecerte con la expectativa de que probablemente pueda volver a sus actividades una vez que le permitas hacerlo.

Cuando tu perro te obedezca de manera constante, inmediatamente, con las órdenes básicas sin correa, puedes considerarlo listo para no tener correa, pero nunca sin supervisión. Muchos dueños han asumido que el buen comportamiento significa que el perro nunca desobedecerá ni reaccionará de manera inapropiada, sólo para lamentar esa suposición cuando el perro se meta en problemas. Sé un dueño responsable; entrena bien a tu perro, pero permanece involucrado y atento a posibles peligros.

Capítulo 6: Entrenamiento con collar de cabeza

El entrenamiento con collar de cabeza es un método muy popular para entrenar perros. A veces es una buena opción con perros tercos, físicamente fuertes o particularmente dominantes.

Ventajas de los collares de cabeza

Las ventajas del entrenamiento con el collar de cabeza contra el entrenamiento con collar y correa regular son:

Los entrenadores y adiestradores principiantes a menudo encuentran que los collares de cabeza son más fáciles de usar y son más efectivos

Los collares de cabeza pueden ser más efectivos para corregir, restringir y controlar a un perro que tiende a tirar

El collar de cabeza ofrece más control en los perros que son más fuertes

Los collares de cabeza brindan una mayor seguridad de control en situaciones que son particularmente molestas, como en áreas donde hay otros perros o mucho tráfico

No cometas el error de pensar que el control adicional que ofrece un collar de cabeza es un sustituto para un buen entrenamiento. Pero un perro bien entrenado, y que también tiene un collar de cabeza, te da una gran posibilidad de controlar al perro en cualquier situación.

Desventajas de los collares de cabeza

Dejando esas ventajas de lado, el collar de cabeza también tiene sus desventajas.

- Un perro inteligente puede ajustar su comportamiento dependiendo de si usa el collar de cabeza o un collar normal. Esto establece un mal precedente; el objetivo es que tu perro responda a las órdenes de forma coherente, sean cuales sean las circunstancias o el equipo.

- El collar de cabeza es particularmente irritante para algunos perros. Al igual que con la desensibilización de tu perro ante un collar y una correa regular, el enfoque debería ser dejar al perro por su cuenta hasta que acepte el collar, mientras lo vigilas para asegurarse de que está seguro.

- Otra desventaja no es en relación con el perro sino en la

respuesta de la gente hacia el collar de cabeza. La apariencia del collar de cabeza sugiere a algunas personas que el perro muerde y esto puede provocar interacciones negativas.

Incluso con sus desventajas, un collar de cabeza puede ser una herramienta útil, particularmente con perros fuertes o testarudos. Su valor depende en gran medida del uso, de acuerdo con las recomendaciones del fabricante, y con los métodos de entrenamiento sólidos.

Capítulo 7: Entrenamiento por recompensas

Aunque el entrenamiento por recompensas puede parecer lo más nuevo, es probable que sea el método más antiguo de entrenamiento en uso hoy en día. Algunos piensan que fue lo que los primeros humanos usaron para domesticar a las crías de lobo, para convertirse en los animales de compañía de la familia de nuestros perros en la actualidad.

Entendiendo la manada de lobos

Es probable que algún tipo de entrenamiento que implica recompensa por la obediencia haya sido parte de la relación de los humanos con sus perros durante miles de años. ¿Por qué debería importarte eso hoy en tu rol de entrenador, dueño o adiestrador? Porque tu perro proviene de una larga línea de perros que descienden de lobos, y muchas de las características de comportamiento del lobo todavía están presentes en él hoy en día. Comprender el comportamiento de un lobo con su líder de manada te ayuda a comprender el comportamiento de tu perro en relación con el líder de su manada: tú.

¿Cómo se convirtieron los lobos en domesticados y comenzaron a evolucionar hacia los animales que tenemos hoy? Hace unos miles de años, los humanos probablemente domaron cachorros de lobo para ser utilizados como protección contra depredadores humanos y animales y para notificar a la tribu, por sus ladridos, cuando el peligro estaba cerca. Pueden haber comenzado con cachorros huérfanos o abandonados que dependían de los humanos para sobrevivir.

También es muy posible que los animales sean valorados por las mismas cosas que los valoramos hoy en día: su capacidad de ser compañeros perspicaces, su naturaleza leal y amorosa. Esa relación también significaba que los perros con la capacidad de relacionarse mejor con los humanos eran valorados y alimentados, por lo que sobrevivieron y transmitieron a sus descendientes esas fuertes habilidades para relacionarse. A lo largo de los siglos, a medida que evolucionó la relación entre perros y humanos, los humanos comenzaron a entrenar y usar perros para trabajos tan complejos como el pastoreo.

Las manadas de lobo están formadas y funcionan en la jerarquía dentro de la misma. La imagen del "lobo solitario" puede ser atractiva, pero la verdad es que los lobos generalmente no sobreviven bien por sí mismos. Necesitan de una manada por varias razones, una de las cuales es que cazan mejor y comen mejor cuando son miembros de una manada. Por lo tanto, era una ventaja para un lobo aprender a funcionar dentro de una manada; de hecho, su supervivencia a menudo dependía de esa habilidad.

En la jerarquía de la manada, cada miembro sabe claramente su lugar y función. La jerarquía es fija, en su mayor parte; sólo cambia si un lobo muere o se lesiona, u ocasionalmente cuando hay una lucha para que un lobo se lleve la manada de otro.

Esa herencia significa que la naturaleza de tu perro es atender al líder de la manada para disciplina, orientación y recompensa. El líder de una manada de lobos tiene la última palabra, sí, pero también proporciona comida, liderazgo, protección y afecto. Y eso, en pocas palabras, es la base del entrenamiento por recompensa, o cualquier buen enfoque para el entrenamiento del perro. El guía, hombre o mujer, se establece a sí mismo como el líder de la manada, y el perro los busca para sus necesidades.

Tu perro será más feliz y más equilibrado si comprendes y proporcionas un hogar y una relación similar a lo que tu perro tendría como miembro de una manada de lobos. Hay algunos perros que son tercos, pero la mayoría de los perros necesitan y valoran a un líder. Los hace sentir seguros y a salvo, y tu perro está predispuesto a ser sumiso, obediente y afectuoso con un líder fuerte.

Habiendo dicho esto, algunos perros y ciertas razas son

fácilmente dominados, y otros un tanto menos. Incluso dentro de los compañeros de camada de tu perro, había algunos que eran líderes y otros seguidores. Puedes ver esto si observas cachorros con sus hermanos; las personalidades dominantes y sumisas son fáciles de reconocer. Para tus propósitos, es importante recordar, al elegir un cachorro, que encontrarás que un perro que tiene una personalidad más sumisa es más fácil de entrenar, especialmente si está utilizando un refuerzo positivo; un cachorro más sumiso no tendrá la misma probabilidad de desafiar a tu liderazgo y, de hecho, lo aceptará.

El entrenamiento por recompensas del hoy

Recuerda que los perros responden de manera diferente a los diferentes enfoques del entrenamiento: algunos lo hacen bien con el entrenamiento por recompensas, otros no responden en absoluto al entrenamiento por recompensas, sino que llevan la instrucción de correa y collar fácilmente. Experimenta con los enfoques de entrenamiento y decide cuál es el mejor para tu perro.

También ten en cuenta que el entrenamiento basado en recompensas es a menudo el mejor enfoque para entrenar a un perro que ha sido abusado o que tiene problemas de comportamiento. El entrenamiento por recompensas es el mejor entrenamiento para establecer un fuerte vínculo entre tú y un perro que es resistente a tener ese vínculo contigo.

Otra cosa que debes tener en cuenta es cuán completa y complejamente planeas entrenar a tu perro. El entrenamiento por recompensas se basa en el uso de algún tipo de alimento como premio por la obediencia. Por lo general, los comportamientos más complejos solo se pueden enseñar con entrenamiento por recompensas, que es la razón por la cual las personas que entrenan perros para realizar trabajos complejos o para actuar en películas, es probable que usen entrenamientos por recompensas. Es el método más confiable a utilizar con los perros a entrenar para el trabajo policial y militar, especialmente cuando la detección de olor y el rastreo son el objetivo.

Pero el entrenamiento por recompensas también es efectivo con órdenes básicas de obediencia. Se basa en hacer que el perro actúe por su propia voluntad, para obtener algo que el perro desea, generalmente comida, aunque el refuerzo positivo a veces se proporciona en forma de elogio. Este entrenamiento resulta en un perro que está bien entrenado y que actuará sin ser tocado.

Si has oído hablar del entrenamiento con contador, es una forma de entrenamiento por recompensas. Al igual que otras formas de entrenamiento, es más efectivo para algunos perros que para otros. En este entrenamiento, el perro aprende a asociar un sonido de clic con una recompensa (un premio o elogio). Con el tiempo, con la repetición, el perro aprende a responder sólo con el contador.

Sólo ten en cuenta que, independientemente del tipo de perro que tengas y de sus desafíos o idiosincrasias, es casi seguro que puedes entrenarlo bien, de manera agradable y exitosa con un entrenamiento que depende de un refuerzo positivo. Es un método que fomenta el respeto y la confianza entre el adiestrador y el animal, en lugar de confiar en la intimidación y el miedo, y ésa es la mejor forma de aprovechar al máximo a tu perro o a cualquier perro.

Asegurando que tu perro sea confiable

Ya que los perros entrenados con este método tienen un trabajo que hacer, como trabajar como perro policía, es vital que el perro sea confiable. Aquí hay algunas pautas:

- Haz que el perro esté acostumbrado a evitar las distracciones.

- Socializa adecuadamente a tu perro, tanto con otros animales como con otras personas.

- Una vez que tu perro se haya adaptado al entrenamiento, entrénalo en una variedad de lugares. Tienes que llevar al perro fuera de su zona de comodidad para estar seguro de que es fiable en cualquier entorno.

- Como parte del entrenamiento, enséñale a tu perro a enfocarse en su adiestrador. Si tienes la atención de tu perro, es mucho más fácil tener el control. Una de las ventajas del entrenamiento por recompensas es que, cuando se usa adecuadamente, gana la atención y el respeto del perro.

Recompensando con premios

Los entrenadores de todos los ámbitos de la vida, aquellos que entrenan perros policías, animales para películas o circos, y otros, han descubierto que los animales responden bien a las recompensas basadas en alimentos. Una ventaja adicional es que este tipo de entrenamiento generalmente se lleva a cabo rápidamente.

Revisa si eso también es cierto para tu perro, probando su respuesta a los alimentos como motivación. Alrededor de la hora en que generalmente come, toma un trozo de comida y muévelo, cerca de su nariz. ¿Tu perro responde y parece entusiasmado? Si es así, éste sería un buen momento para entrenar con recompensas. Si el perro no responde, es posible que debas seleccionar otra hora u otra forma de entrenamiento o demorar la hora de la cena para obtener más entusiasmo e interés.

En general, es una buena idea alimentar a tu perro a la hora establecida y tomar cualquier horario en que no haya comido para establecer una rutina y prevenir la obesidad. Pero, en particular, aliméntalo a la hora establecida y no dejes la comida afuera si estás usando entrenamiento por recompensas; de lo contrario, es posible que tu perro no esté lo suficientemente motivado para que el entrenamiento sea efectivo.

Enseñando la orden "acude al llamado"

Si has probado a tu perro para medir su interés en la comida y has obtenido una respuesta positiva, es la señal para continuar con el entrenamiento por recompensas. Prepárate para iniciar la lección cuando el perro muestre interés en su comida. Dale un pedazo de comida; luego, sostén otra pieza y retrocede un paso o dos, diciendo "ven aquí". Cuando el perro siga la comida y se acerque a ti, elógialo y recompénsalo con la comida.

Una vez que tu perro comprenda la orden y comience a acercarse de manera automática y fácil, agrega un paso: llámalo como lo hiciste antes, pero agrega la orden "sentado" y mantenlo ahí por unos segundos, antes de darle la comida. Esta es la base para una serie de otras formaciones que puedes elegir para dar, como la realización de trucos o ejecutar órdenes más difíciles.

En el próximo nivel, el entrenamiento de tres pasos "ven/sentado/ quieto" le dará a tu perro una habilidad que es útil para ti en varias situaciones. Comienza caminando con tu perro; detente, y el perro debe sentarse, ya que ha sido entrenado para hacerlo. Dale a tu perro unos momentos en el "sentado", y luego, volteando a mirar a tu perro, di "quieto" y comienza a retroceder (nótese que estás frente a tu perro, ustedes están mirándose, mientras retrocedes para alejarte de él). Repite este paso hasta que el perro se quede durante todo el ejercicio.

Una vez que logre eso, retrocede, con él "sentado", luego llámalo. Éste es un ejercicio de varios pasos, así que cuando tu perro lo domine y venga a ti después de una estadía sólida, ¡felicítalo con entusiasmo! Este es el tipo de desempeño y habilidad que deseas de él; hazle saber que hizo un buen trabajo. Eso le dice cuáles son tus expectativas y le dice cómo responder la próxima vez. Además, trabajó duro, obedeció y merece el elogio.

Puedes sentirte tentado a enfrentar más desafíos porque es divertido ver a tu perro responder y tener éxito, pero recuerda que las sesiones de entrenamiento no deben ser tediosas ni aburridas para tu perro. Mantenlas cortos, especialmente al principio. También querrás asegurarte de no dar tantos premios como recompensas y que tu perro comience a ganar demasiado peso. La mayoría de los perros disfrutan el tiempo con su dueño cuando están entrenando, y una vez que los premios te han ayudado a indicarle a tu perro lo que quieres de él, puedes reducir la porción: actuará sólo por el placer de complacerte. Continúa dándole premios, ya que ese es un motivador importante, pero no tienes que darlos con tanta frecuencia.

El ejercicio "alto/sentado/quieto/ven" es un excelente ejercicio de base para una serie de juegos y entrenamiento adicional. Ahora tu perro obedece bien sin correa, por lo que pueden ir a lugares donde pueda correr libremente. Aunque recuerda: Es importante mantenerlo en un entorno seguro, cercado y alejado del tráfico u otros peligros. Preséntalo en diferentes lugares: un parque para perros, si es bueno con otros perros o el patio trasero de un amigo, tal vez para que interactúe con su perro. En medio de su juego, llámalo para que vaya hacia ti. Felicítalo extensamente cuando lo haga, frotándolo y rascándolo en sus lugares favoritos mientras le dices que es un buen perro. Tu objetivo es hacer que esté tan contento que, acudir a ti cuando llames, sea algo que él quiera hacer, pase lo que pase.

Nota: algunos entrenadores y adiestradores de perros aconsejan no ir a los parques para perros; tu perro puede funcionar bien allí, pero no sabes qué tan bien lo harán los otros perros y dueños con los que se encuentre. El parque para perros puede ofrecer mucha diversión para ti y tu perro, pero debes conocer el temperamento y las capacidades de tu perro, y si eliges llevarlo a un parque para perros, debes observar cuidadosamente cuando estén allí.

Confiando en el refuerzo positivo

Muchos dueños y adiestradores, incluyendo los adiestradores profesionales de perros policías, militares y que actúan para televisión y películas, testifican la efectividad del entrenamiento de refuerzo positivo con recompensas. Tal entrenamiento generalmente conduce a una experiencia agradable tanto para el perro como para el adiestrador, y da como resultado un perro de compañía capacitado que es receptivo y obediente.

Lo que hace efectivo el entrenamiento con refuerzo positivo es que las recompensas le enseñan al perro lo que esperas de él. La recompensa le deja claro al perro que lo que acaba de hacer es lo que querías que hiciera. La recompensa es, a menudo, la comida, especialmente en las primeras etapas del entrenamiento, pero a medida que va avanzando el entrenamiento, una buena caricia detrás de sus oídos o el elogio entusiasta funciona bien con la mayoría de los perros. Sólo recuerda: recompénsalo de alguna manera, no solo al comienzo del entrenamiento, sino durante todo el entrenamiento y, de hecho, durante toda tu vida con él.

Capítulo 8: Comportamiento no deseado

Ya hemos cubierto los aspectos básicos del entrenamiento canino y abordamos métodos particulares. Si todo ha ido bien, tú y tu perro han navegado a través del entrenamiento y tu perro está respondiendo a una serie de órdenes, de manera confiable y buena.

Y puede ser que el entrenamiento tenga algunos desafíos. Aquí sabrás qué hacer cuando te enfrentes con problemas de entrenamiento o comportamientos no deseados.

La respuesta instintiva del perro hacia la autoridad

Un perro bien entrenado es un compañero superior cuyo entrenamiento lo mantiene a él, y a otros, a salvo del peligro. El entrenamiento realmente puede ser un factor de vida o muerte, tanto para tu perro como para otros, ya que su comportamiento podría tener un impacto. No es coincidencia que muchos entrenadores profesionales sean llamados con frecuencia para tratar a un perro que es agresivo y no puede interactuar adecuadamente con la familia, otros humanos u otros animales.

Irónicamente, entender los antecedentes genéticos de tu perro como una criatura salvaje te ayudará a entender cómo domesticarlo mejor para ser el obediente animal de compañía que tú quieres que sea. Y esto será gratificante para ambos.

El comienzo de la domesticación de los perros probablemente pasó cuando los primeros humanos adoptaron cachorros huérfanos de lobo. La relación no era muy distinta de lo que es hoy: los perros eran atractivos, amorosos, leales. Necesitaban alimento y refugio, y los humanos proveían eso a cambio de cosas que los perros podían proporcionar y que los humanos valoraban, como el apoyo en la caza, ayudar a expulsar a los depredadores y servir como señales tempranas de advertencia cuando se acercaba el peligro. Hoy en día, los perros que trabajan y pastorean, los perros policía y los perros actores todavía realizan trabajos valiosos para sus dueños humanos.

Tendrás un mejor instinto para entrenar a tu perro y responder mejor a los desafíos cuando recuerdes el pasado de tu perro como miembro de un grupo. Los perros salvajes y los lobos forman manadas con una jerarquía específica. Todos los animales del grupo saben cuál es su lugar en esa jerarquía y saben qué esperar en términos de las responsabilidades asociadas y los comportamientos esperados.

Toda la manada se remite al liderazgo del perro alfa. El alfa hace un llamado a elegir entre la caza, la comida y evitar otros animales o entrar en conflicto con ellos. Para nuestras mentes humanas, podría parecer que el perro alfa fue un enemigo a superar; pero, en verdad, los miembros de la manada se sienten seguros y relajados cuando tienen un líder alfa fuerte en quien confiar. Tu perro será más estable y más feliz si eres un líder alfa fuerte para él. Te verá como un superior, y seguirá tus órdenes: cuanto más te perciba como alfa, más probable es que siga las órdenes rápidamente y sin cuestionamientos.

Entrenamiento de perros para obtener comportamientos deseados

Simplemente tiene sentido que sea más fácil enseñarle a tu perro las conductas que deseas que corregir el mal comportamiento. Entonces, hazte un favor a ti y a tu perro: invierte regularmente en él un tiempo de entrenamiento de calidad.

Eso es especialmente cierto cuando tienes un perro joven. No todo es trabajo, como hemos dicho, incluso cuando tienes tiempo de juego no estructurado con tu cachorro, él está aprendiendo. Pero también es importante participar en un entrenamiento formal para enseñarle a tu cachorro lo que esperas de él, y qué conductas son aceptables para ti y cuáles no.

Si te tomas el tiempo de enseñarle estas lecciones cuando tu cachorro es joven, es más probable que las aprenda y retenga rápidamente. Recuerda: cada experiencia de tu cachorro le enseñó algo. Asegúrate de que sus experiencias lo estén entrenando bien, reforzando las cosas que quieres que él sepa, y los comportamientos que quieres ver.

El fuerte vínculo que los perros forman con los humanos es uno de los mayores recursos para entrenar a tu perro. Ese vínculo se basa en las relaciones que los humanos han tenido con los perros durante miles de años; la habilidad del perro para formar esa relación hizo que su supervivencia fuera posible, por lo que las cualidades de respeto, afecto y obediencia se preservaron solo en virtud de la selección natural.

La dinámica de la jerarquía de la manada y tu posición como el líder de la manada de tu perro también son útiles dentro de los métodos para entrenar a tu perro. Proponte usar esa jerarquía cuando entrenes a tu perro. Al establecerte como el líder de la manada de tu perro, ganas su confianza y respeto. Por el contrario, si tu perro no te reconoce como su superior y un líder digno de su respeto, tu entrenamiento será mucho más difícil, si no imposible.

¿Cómo ganas y mantienes ese respeto? No puede ser forzado. Más bien, se gana con las interacciones con tu perro. Usar la recompensa o el método del refuerzo positivo para entrenarlo le enseña a respetarte y confiar en ti, mucho más de lo que lo haría si basaras tus interacciones en el miedo y la intimidación. Como se señaló anteriormente, el miedo hace que tu perro muestre un comportamiento agresivo, como morder.

Por eso, castigar a tu perro sólo lo asusta y lo confunde; un mal episodio puede retrasar el entrenamiento semanas, incluso meses. Es un proceso interactivo para entrenar bien a tu perro, dándole la opción de elegir hacer lo que le pidas, y recompensándolo con elogios, premios u otros elementos positivos cuando él toma la decisión correcta. Si, por ejemplo, tu perro persigue a la gente, haz que pase un amigo mientras tú tienes a tu perro con correa. Tu perro tiene una opción: puede abstenerse de perseguir al corredor, y si lo hace, debes recompensarlo. Si lo persigue, vuelve a sentarlo y comienza nuevamente el ejercicio, hasta que lo entienda.

No se trata de castigarlo por tomar la decisión equivocada. Se trata de recompensarlo por elegir responder de acuerdo con lo que quieres de él. Siempre ten en cuenta que recompensar a tu perro, en lugar de castigarlo, te dará como resultado un perro bien entrenado y feliz, y tú serás un dueño satisfecho.

La motivación de tu perro para portarse mal

Hay una serie de razones por las cuales la gente entrena a sus perros. Hay razones prácticas, como garantizar la seguridad del perro y de quienes lo rodean. Pero también hay razones más tiernas: la alegría que un perro bien entrenado y su dueño encuentran en el otro, la compañía, la lealtad y el amor.

El mal comportamiento generalmente no indica que tu perro es un malvado sin esperanza. Si te tomas el tiempo para entender el motivo de su comportamiento y abordarlo en consecuencia, podrás tener el animal de compañía que quieres que sea, solo te puede llevar un poco más de tiempo y esfuerzo. Por ejemplo, es fácil sentirse frustrado cuando tu perro mastica tus muebles nuevos; es más fácil entender su comportamiento si te das cuenta de que es en respuesta a su ansiedad por la separación. En el entrenamiento para mitigar los malos comportamientos, es importante abordar la causa raíz, la ansiedad, en lugar del comportamiento en sí, la masticación.

De hecho, regularmente el comportamiento de tu perro puede parecer agresivo o irreflexivo, pero en realidad es una respuesta de su incapacidad para sobrellevar la ansiedad. Puedes pensar que necesita reducir el estrés que siente, y ciertamente eso es útil; pero con mayor frecuencia, el mejor método es participar en un programa de entrenamiento que le enseñe a tolerar mejor y lidiar con el estrés.

A estas alturas, probablemente hayas observado que lo que motiva al humano, y al comportamiento humano, puede ser muy diferente de las cosas que motivan a un perro y el comportamiento canino. Y por lo que has leído hasta ahora, puedes haberte dado cuenta de que un buen adiestrador no solo entrena a su perro con buen comportamiento; también se está entrenando para ser el tipo de entrenador que llega a tener un perro obediente. Al tratar de comprender el comportamiento de tu perro, no confundas sus motivaciones con las de un ser humano. Claro, puede parecer casi humano a veces, particularmente si es especialmente inteligente. Pero incluso si entiende las cosas como lo haría un ser humano, sus motivaciones son diferentes, al igual que sus respuestas a situaciones y desafíos.

Así que modula tu pensamiento y tus comportamientos para recordar que tu perro es un perro, no un ser humano. Así como recuerdas esto, recuerda las cosas que los humanos y los perros comparten: la necesidad de relaciones y lazos estrechos con aquellos que están en la manada familiar.

Negarse a venir cuando lo llamas

Si tu relación con tu perro no es la que te gustaría tener, tómate un momento para preguntarte si tus problemas se atienen al entrenamiento de la orden "acudir al llamado". Esto no sólo impacta otras conductas; no venir cuando lo llamas puede generar situaciones peligrosas para las que no está preparado, como romper el collar cerca del tráfico pesado, o que tu perro salga corriendo y tenga libertad para perseguir a una persona o a un gato. Considera por un momento las posibles repercusiones legales, o la posibilidad de que su impulsividad incontrolada pueda resultar fatal para él.

Tu perro aprende de lo que tiene permitido hacer. Cuando le permites que se libere de la correa y se entregue al comportamiento que le gusta hacer, estás dañando cualquier entrenamiento que hayas hecho que le enseñe a consultarte, no a sí mismo, por lo que hace y las decisiones que toma. Correr suelto en un parque, o en la playa, o con otros perros es divertido; probablemente sea más divertido que las cosas que preferirías que hiciera. Algunos perros pueden manejar el tiempo libre, y saben cuándo el adiestrador está cambiando los parámetros de la obediencia y así pueden ajustarse. Si tu perro no puede adaptarse, debes limitar la cantidad de tiempo libre e impulsivo que tiene para practicar comportamientos y elecciones que no involucren tus órdenes.

Puedes entenderlo, si te pones en el lugar de tu perro. Imagínalo haciendo las cosas que ama, como correr salvajemente por la playa; imagina que eres el perro, por un segundo. Las olas están cayendo, las estás persiguiendo, hay otros perros corriendo libres, y tú también los estás persiguiendo y jugando con ellos. Y, oh, no. Aquí viene tu adiestrador, queriendo que obedezcas, por todos los santos. Sacando la diversión de todo. ¡Aguafiestas! Visto desde esa perspectiva, puedes comprender por qué un perro puede resistirse a la correa, el collar y al entrenamiento.

¿Qué se debe hacer? Tu perro simplemente puede ignorarte cuando lo llames y se niegue a venir. Y ahora estás en una situación difícil porque tu perro ha aprendido que hay una recompensa para él, diversión y libertad, al ignorarte.

Si tu perro aún no se ha dado cuenta de la posibilidad de ignorarte, hazte un favor y no permitas que lo aprenda. Es mucho más fácil prevenir este aprendizaje que trabajar con él para desaprenderlo.

Si ya lo ha aprendido, que es probable si estás leyendo esta parte del libro, tu enfoque debería ser supervisar su juego y hacer que el tiempo que pases con tu perro sea divertido, de modo que asocie tu llamada con algo positivo, en lugar de algo que limite sus buenos momentos.

No reprogramarás a tu perro acompañando el "ven" con algo desagradable, así que trata de no hacer eso. No lo llames y luego lo bañes, le cortes las uñas o hagas algo que realmente no le guste, o le enseñarás que, si viene cuando lo llamas, se arrepentirá.

En cambio, llámalo y luego dale un juguete, un premio o algún tiempo de juego contigo. Usa alguna otra orden para captar su atención cuando le espere algo desagradable.

Recuerda: tu perro está aprendiendo constantemente. Está aprendiendo cuando lo estás entrenando en cuestión de obediencia, pero también está aprendiendo cuando lo llamas y viene, lo lamenta, y cuando se divierte, lo llamas y te ignora, la diversión continúa. Así que aborda tu relación con él como si cada interacción estuviera sentando las bases para asegurar su atención y obediencia.

Y recuerda la clave para entrenarlo: refuerzo positivo. Simplemente haz un hábito el recompensar a tu perro cada vez que muestre el comportamiento y la obediencia que deseas. Ciertamente, si tienes problemas de entrenamiento, es posible que debas confiar en premios irresistibles, en general, deliciosos trozos de comida. Pero los perros son sensibles a la energía, porque la recompensa puede ser una simple caricia detrás de las orejas o un "¡sí, buen chico!". Cuando se le enseña al perro a acudir a los llamados, es vital que el perro sea recompensado consistentemente cada vez que lo haga como el dueño quiere. Una recompensa puede ser tan simple como una palmada en la cabeza, un "buen chico" o una caricia detrás de las orejas.

Cualquiera que sea la recompensa, sé constante en darle algo positivo cada vez que lo llames y él venga.

Eliminando los comportamientos mordaces

Los cachorros son impulsivos y entusiastas. Esas cualidades son las que nos hacen felices, pero también pueden hacerlos desafiantes. Los cachorros son propensos a masticar y morder. Aquí hay algunas recomendaciones para reducir las conductas mordaces.

Previniendo las mordeduras

Los cachorros y los perros jóvenes regularmente son propensos a morder y mordisquear. Es natural que un cachorro muerda y mordisquee a sus hermanos cuando juega, y cuando juegas con tu cachorro, es natural que también juegue de esa manera contigo. Pero los cachorros tienen una piel gruesa; los humanos no, y esos pequeños dientes de cachorro agudos pueden ser un problema. Por lo tanto, es importante que le hagas saber a tu cachorro cuándo son apropiados sus métodos para jugar contigo y cuándo no.

La madre y los hermanos de un cachorro normalmente le enseñarían qué comportamiento mordaz es apropiado y qué no lo es. Pero dado que los cachorros son retirados de sus madres a una edad más temprana, es posible que tu cachorro haya perdido ese entrenamiento, entre madre y cachorro.

Depende de ti entrenar a tu cachorro inhibiendo su reflejo de morder. No permitas que continúe mordiendo sólo porque ahora no es un gran problema; tu pequeño cachorro va a crecer, y lo que ahora es un pequeño problema podría convertirse en un gran problema más adelante. Para asegurarte de que tu perro adulto no tenga problemas con esto, enséñale a tu cachorro a controlar su impulso de morder antes de cumplir los cuatro meses.

Puedes volver a la forma natural de enseñar al cachorro, permitiéndole interactuar y socializar con perros mayores u otros cachorros activos. Si has observado cachorros con otros cachorros y perros, notarás que se muerden casi constantemente cuando juegan. Los cachorros están poniendo a prueba los límites; muerden más fuerte hasta que otro cachorro o perro reacciona de manera negativa, gruñendo, chasqueando o mordiendo la espalda. Así es como un cachorro aprende lo que es apropiado y aceptable, y lo que no. A través de este tipo de juego, tu cachorro aprenderá algunas lecciones que lo ayudarán a controlar su reflejo mordaz. Aun así, sus dientes pequeños no lastiman la piel más gruesa de otros perros y cachorros de la misma manera que dañaría la de un humano, por lo que es posible que debas darle lecciones adicionales sobre lo que es apropiado para ti.

Usar la confianza para evitar mordeduras

Cuanto más confíe y te respete tu cachorro, menos problemas tendrás con la mordedura. Por lo menos, una relación de confianza y respeto te permitirá abordar estos problemas de forma más fácil y efectiva. De hecho, todo el entrenamiento del perro se ve afectado por el nivel de confianza y respeto que tu perro te tiene.

El nivel de confianza de tu perro en ti se ve seriamente dañado si lo golpeas. La razón por la cual este libro enfatiza el entrenamiento que es positivo y gratificante es que fomenta una relación de confianza y un vínculo entre el perro y el dueño, y esa relación, a su vez, hace que el entrenamiento sea más fácil y efectivo. Nada lastima tu relación con tu perro como el castigo físico. En términos de comportamientos mordaces, regañar a tu perro por morder puede ser tu primer instinto, pero solo asustará y confundirá a tu perro, y no hará nada para alterar su comportamiento. Mantente positivo con tu entrenamiento, siempre.

Eliminando malos hábitos

Si tienes un perro o un cachorro, es como en cualquier relación: habrá momentos en que las cosas no salgan como quisieras. Cualquier dueño de un perro o cachorro a veces se verá en la necesidad de trabajar con el perro para alterar el comportamiento de alguna forma. La mayoría de los perros aman a su dueño y lo ven como su líder de manada; la naturaleza de un perro es querer complacer al líder de su manada, y los perros son lo suficientemente inteligentes como para hacerlo si comunicas claramente lo que es aceptable e inaceptable. En otras palabras, es muy probable que tu perro haga lo que quieres que haga, siempre que sepa y entienda lo que esperas.

El enfoque para cambiar el comportamiento no deseado depende del comportamiento en sí y, hasta cierto punto, de la naturaleza y el carácter de tu perro. Cada perro es diferente; hay similitudes entre los perros de una determinada raza, por supuesto, pero, aun así, cada perro es un individuo, y es posible que debas probar varios métodos antes de encontrar el mejor para eliminar el comportamiento no deseado.

Lloriqueos, aullidos y ladridos excesivos

Los perros generalmente son vocales y, de hecho, los valoró por su capacidad de ladrar y advertir a los humanos sobre el peligro. Tanto los perros como los cachorros son ladradores naturales y pueden aullar y lloriquear, y eso es normal. Pero en algún momento, puede convertirse en un problema. Es particularmente problemático si vives en un apartamento o en un hogar con vecinos cercanos. Tus vecinos tienen derecho a esperar que tu perro no siempre perturbe su tranquilidad con los sonidos que hace.

¿Qué se debe hacer? Aquí hay algunos consejos para controlar el ladrido excesivo y otras vocalizaciones:

- Tu perro puede estar gimiendo para decirte que realmente necesita algo; por ejemplo, si tu perro o cachorro está encerrado y comienza a aullar o lloriquear, llévalo a su área para evacuar. El perro puede estar haciéndote saber que tiene que hacer sus necesidades.

- Además de necesitar aliviarse, el perro puede quejarse por otros motivos, así que asegúrate de que tenga agua y no esté enfermo. Verifica que su juguete no esté fuera de su alcance debajo de una silla, y que la temperatura no sea demasiado alta ni muy baja.

- Además de las necesidades físicas, asegúrate de que tu perro reciba todo el afecto y la atención que necesita para sentirse seguro y amado. Además, asegúrate de que tenga juguetes para mantenerse ocupado.

- El entrenamiento enfatiza la construcción de un vínculo al pasar tiempo juntos, pero hay ocasiones (tal vez a menudo) en que tu perro tendrá que quedarse solo en el hogar. Es parte del comportamiento de manada que tu perro quiera que estés con él, y si te has ido, puede sufrir de ansiedad por separación, lo que puede llevarlo a tomar comportamientos tales como la destrucción de los muebles y los ladridos incesantes. Trabaja para acostumbrar a tu cachorro a estar solo.

- Cuida que, al responder a las necesidades de tu perro, no lo estés recompensando inadvertidamente por un comportamiento no deseado. Por ejemplo, si lloriquea, no vayas a él y le prestes atención; eso solo refuerza su tendencia a lloriquear. En cambio, una vez que se ha asegurado de que sus necesidades físicas son satisfechas, se siente cómodo y tiene lo que necesita por medio de juguetes, es apropiado regañarlo por quejarse, haciéndole saber que lloriquear es un comportamiento no deseado.

Problemas con la masticación

Tal como puedes esperar que tu cachorro vocalice, también puedes esperar que mastique. Los cachorros usan su boca, lengua y dientes para explorar su mundo. Sin embargo, sólo porque masticar sea normal, no significa que sea un comportamiento aceptable; "normal" no es una razón para estar conforme con tu cachorro masticando tus nuevas botas de cuero. Aborda temprano la masticación no deseada, para que tu cachorro no se convierta en un perro grande y masticador.

Masticar en sí está bien, y está bien alentar a tu perro a masticar los artículos apropiados, como sus juguetes. Dar a tu perro una variedad de juguetes masticables lo mantiene entretenido, y lo hace sentir seguro ya que puede satisfacer una necesidad de una manera que sea aceptable y lo ayuda a mantener sus dientes y encías limpias y ejercitadas.

Para reforzar la norma para tu cachorro en cuanto a si es "apto para masticar/no apto masticar", anímalo a jugar con sus juguetes masticables. Felicítalo por jugar con ellos y masticarlos. Si lo encuentras masticando algo inapropiado, retíralo con cuidado y dale un juguete; elógialo cuando preste atención y mastique el juguete.

Otra forma en que puedes alentarlo a jugar con sus juguetes y masticarlos, y hacerle saber que lo apruebas, es aprovechar su entusiasmo cuando te reciba. Cuando entres por la puerta y el cachorro corra hacia ti, deja tus cosas, dale uno de sus juguetes y elógialo por tomarlo. También puedes alentarlo a que busque uno de sus juguetes cada vez que te reciba.

Los juguetes de tu cachorro deben ser de fácil acceso; probablemente se sentirá atraído por masticar cualquier cosa y todo lo que esté a su alcance durante toda su vida, así que mantén las cosas recogidas y lejos de él. En particular, trata de mantener las cosas que llevan tu olor, como zapatos, cepillos para el cabello, pañuelos usados, fuera de su alcance.

Si eres testigo de cómo tu cachorro recoge algo que no debería tener, como un calcetín, distráelo con otro juguete mientras le quitas el calcetín. Cuando tome el juguete, asegúrate de elogiarlo por jugar con él y masticarlo.

Si la masticación continúa, puedes intentar tomar un artículo que sepas que el perro sabe que no quieres que mastique; ponerle algo de mal sabor, pero no tóxico, como salsa picante; y dejarlo para que lo encuentre. La reacción desagradable que tenga debe ayudarte a entrenarlo para que sólo mastique los elementos que le hayas dicho que son apropiados.

Saltar sobre las personas

Probablemente el perro de un amigo se te haya subido y te haya desagradado. Es un comportamiento común que un dueño desea corregir a menudo. Cambiar este comportamiento es ciertamente posible, pero es más difícil cambiarlo si lo alentaste cuando tu cachorro era pequeño, y ahora sólo lo encuentra menos atractivo. Si premias a tu cachorro de 10 libras saltando sobre ti con besos o premios, probablemente ya te des cuenta de que tus acciones están reforzando el mal comportamiento del perro y no será tan atractivo cuando crezca hasta las 100 libras. Si aún no es demasiado tarde, comienza a entrenar a tu perro joven a que saltar sobre las personas no es un comportamiento aceptable, ya que el reentrenamiento es lento, confuso para tu perro, y puede ser difícil.

La tendencia de tu perro a saltar sobre las personas es más que una molestia inconveniente; es peligroso. Incluso un perro pequeño puede desequilibrar a un humano, especialmente a un niño o un adulto mayor. Tu perro mal entrenado no solamente te avergüenza y representa una amenaza para los demás, sino que también te pone en riesgo de ser blanco de una demanda.

Para entrenar a tu cachorro para que no salte, cada vez que el perro salte sobre ti o sobre otra persona, debes colocar suavemente sus patas en el suelo. Una vez que sus cuatro patas estén en el suelo, y permanezcan allí, ¡suelta los elogios! Por el bien del entrenamiento de tu cachorro, pídeles a todos en la familia que sigan este procedimiento si el cachorro se les acerca. ¡Incluso puedes pedirles a los invitados que se unan al programa! Porque si no aceptas este comportamiento, pero la impresión del cachorro es que otros lo hacen, él estará confundido acerca de qué es el comportamiento apropiado en cuanto a saltar sobre las personas. La constancia es definitivamente una ventaja cuando se trata del adiestramiento canino: constancia, no solo de ti, sino de los demás miembros de la familia.

Tensando y tirando de la correa

Tu cachorro probablemente sea entusiasta y esté ansioso; una de las cosas que nos encanta de ellos es su incansable entusiasmo por la vida. Pero su entusiasmo a veces puede hacer que esté demasiado ansioso y tirando de la correa.

Tu primer objetivo no es iniciar o alentar a tirar de la correa jugando tira y afloja con la correa de tu cachorro, o cualquier cosa que asemeje una correa, como una cuerda. En cambio, elige un juguete en forma de anillo si quieres jugar a la guerra de tirones con él.

Si tu cachorro está tirando y tienes problemas para entrenarlo, considera usar un arnés para el cuerpo. Para lograr que acepte el arnés corporal, consulta el proceso descrito en el Capítulo 4 para lograr que tu cachorro acepte un collar y una correa. Cuando elijas un arnés, pruébalo en tu perro antes de comprarlo; algunos perros tienen un tipo de cuerpo particular que puede hacer que encontrar un arnés que le quede sea un desafío; por ejemplo, los Corgi pueden ser particularmente largos desde las orejas hasta los hombros, por lo que es difícil colocarles un arnés.

Practica los buenos hábitos al pasear a tu perro, anímalo a mantener la cabeza al nivel de tu rodilla y camina a su lado. Un collar de entrenamiento bien ajustado o una cadena de ahorcamiento puede ayudar a tu perro a entender exactamente dónde quieres que esté su cabeza

No tires continuamente de la correa cuando tu cachorro se adelante. En cambio, cambia rápidamente de dirección para hacer que tu cachorro se quede atrás repentinamente. Anticipa al cachorro y cambia las direcciones antes de que llegue al final de la correa, o podrías poner demasiada presión sobre su cuello cuando cambie de dirección. Mantén la correa suelta, excepto en el momento en que cambie su dirección: debes sentir un leve tirón en la correa y luego aflojarla inmediatamente.

Nunca tires o jales del cuello del cachorro para corregirlo. Debes aplicar presión constante, suavemente, en lugar de dar un tirón fuerte. Intenta utilizar la menor cantidad de presión posible para que tu cachorro se dirija hacia la dirección correcta, en la posición correcta.

Del mismo modo que no quieres jugar a la guerra con la correa, no permitas que tu cachorro tire de la correa y te jale. La consistencia en la forma de usar la correa, para lo que es y para lo que no, es esencial para enseñarle cómo usarla correctamente. Si tienes un perro que va a ser muy grande, aprovecha sus años como cachorro pequeño para entrenarlo con la correa, porque será mucho más fácil ahora que cuando pese 150 libras.

Escapes y paseos

¿Te imaginas dejar que tu perro salga por la puerta y ronde por la calle y de un patio a otro? Con sólo pensar en lo que podría suceder, probablemente te quedes sin aliento: los peligros de los automóviles, los encuentros con otros animales, las aventuras con botes de basura abiertos y otros posibles incidentes probablemente hagan que tu imaginación se vuelva loca.

En la mayoría de las ciudades es ilegal que los perros deambulen libres, y es probable que un perro vagabundo sea recogido por el control de animales; es casi seguro que será desagradable, caro y peligroso para tu perro.

Pero si la idea de que tu perro deambule libre te asusta, es una apuesta segura que tu perro lo vea de manera diferente. Fuera de tu cerca o puerta, hay una gran variedad de olores y sonidos que la mayoría de los perros se mueren por investigar más, y si tu perro puede escapar de tu patio o casa, y tú no lo has entrenado para no hacerlo, es casi seguro que lo va a hacer.

Evitar su escape es mucho más fácil y seguro, de lo que es intentar recuperar a un perro suelto. Aquí hay algunas precauciones y medidas preventivas que puedes tomar, de antemano, para mantener a tu perro dentro de tus instalaciones.

En primer lugar, haz lo que puedas hacer para mantener a tu perro cautivado donde está: si está aburrido, es mucho más probable que investigue maneras de salir y entretenerse. Así que rodéalo con todas las cosas que pueda necesitar: una cama tibia y suave, un tazón lleno de agua, y muchos juguetes, y tu perro probablemente pasará un rato jugando, tomará un largo trago de agua y se dejará caer en la cama para descansar y soñar, sano y salvo.

El ejercitar a tu perro con regularidad también es un método realmente bueno; así usará toda esa energía que, de otro modo, podría usar para escapar. Especialmente para un perro enérgico o uno muy inteligente que se aburre fácilmente, programa muchas sesiones de juego de alta energía varias veces al día, y al menos una buena caminata larga. Es especialmente bueno sacar al perro justo antes de salir de la casa. Nuevamente, es probable que busque su cama y duerma hasta que regreses.

A continuación, revisa tu casa y cerca, y asegúrate de haber hecho todo lo posible para que sea a prueba de escapes. Si tu perro excava, es probable que debas extender la cerca unas pulgadas más hacia el suelo. Si él salta, tu cerca tendrá que ser más alta. Si una cerca más profunda o una más alta son no lo suficiente como para mantenerlo dentro, puede que tengas que supervisarlo mientras esté fuera, y confinarlo en el interior de la casa si no vas a estar presente. Haz lo que tengas que hacer para asegurarte de que no salga a deambular, porque un perro vagabundo está en peligro y el resultado realmente puede ser desgarrador.

Capítulo 9: Ejercicios avanzados en el entrenamiento de perros

Si tu perro domina el entrenamiento básico, ¡felicidades! Eres un buen y responsable dueño de un perro, y mereces ser el jefe de la manada de tu perro, porque tomas en serio tu responsabilidad y dedicas tiempo y esfuerzo a velar por su bienestar.

Las órdenes básicas probablemente le den todo lo que necesita para que tu perro sea un compañero agradable, pero si tú y él disfrutaron del entrenamiento y desean continuar, hay algunas habilidades avanzadas que pueden entrenar.

Antes de comenzar, asegúrate de que tu perro sea inquebrantablemente fuerte con la orden "acude al llamado". Es la base para la formación más avanzada. Si tu perro no es absolutamente sólido con esta orden, su entrenamiento no debería comenzar hasta que lo esté. Para hacer este entrenamiento, regrésate a revisar las pautas del Capítulo 7.

Cuando estés listo para comenzar el entrenamiento avanzado, motiva a tu perro y a ti mismo haciendo que el entrenamiento sea divertido. Debido a que el entrenamiento implica consistencia y repetición, puede volverse aburrido. Varíalo un poco eligiendo distintos lugares para su entrenamiento, usa diferentes juguetes para motivar a tu perro, y tal vez realiza el entrenamiento con diferentes formas de jugar o diferentes actividades. Mantenlo interesante para los dos.

Si tu entrenamiento se basa en recompensas con comida, asegúrate de que tu perro esté motivado por el placer. Los dueños pueden fiarse de la efectividad de este o aquel entrenamiento, pero a diferentes perros les gustan cosas diferentes. No deseas llegar a un parque para entrenar, sólo para descubrir que el premio que trajiste no motiva a tu perro. Comienza con premios más saludables y verifica si motivan a tu perro: un poco de manzana, carne magra o un poco de su comida normal. Si es necesario, acude a los premios menos saludables, pero sabrosos, como el hígado o un delicioso premio comprado en la tienda. Ten en consideración las comidas que nunca debes usar para entrenar a tu perro, como el chocolate o las pasas.

Prepara los premios antes de tiempo. Córtalos en pedazos pequeños, aproximadamente de un cuarto de pulgada o más pequeños. Usar piezas pequeñas te permite darle premios varias veces sin sobrealimentarlo.

Juegos en el entrenamiento avanzado

Un juego que es divertido para ti, tu perro u otro miembro de la familia o amigo es simplemente llamar al perro de ida y vuelta. Este es un gran ejercicio para enseñar al perro a acudir al llamado, no solo a ti, sino a otros miembros de la familia. Todo el entrenamiento que has hecho con tu perro ha creado el vínculo y la relación que querías, pero es importante que también responda a los otros miembros de la familia, o amigos que puedan cuidarlo de vez en cuando. Si no estás cerca, él necesita saber responderle a cualquier persona a cargo.

Este juego es simple y divertido. Utiliza dos personas o más, cada una a una distancia de alrededor de 10 metros dentro de un entorno seguro, como un patio trasero cercado. La primera persona llama al perro y cuando viene, recibe un premio y se le ordena que se siente y se quede (es importante que la persona que lo llama es la persona que le da el premio). El perro debe permanecer sentado hasta que la siguiente persona lo llame, y cuando eso pase, él se va, recibe un premio, y se sienta y permanece quieto. A los perros les encanta este juego.

Una vez que tu perro tenga la idea de ir y venir, intenta el escondite. Para este juego, dos o más personas comienzan en el centro de la casa. La primera persona llama al perro para que venga, le da un premio y lo sienta. La segunda persona se mueve a través de la habitación y hace lo mismo. Cuando esa persona recompense al perro, la otra persona se mueve, ocultándose, de modo que cuando llamen al perro, tiene que encontrarlos. Mientras tanto, la otra persona está buscando un lugar para esconderse. Este es un juego maravilloso porque los instintos naturales de tu perro probablemente busquen comida usando sonidos y olores.

Mantenlo divertido e interesante

Mantener la atención de tu perro durante el entrenamiento requiere un poco de esfuerzo e imaginación. Es probable que tu perro se distraiga con facilidad, por lo que mantenerlo interesante no sólo es motivador; también es una forma de mantener la seguridad del perro, manteniendo su atención en ti y en la actividad. Además, hacer que el entrenamiento sea divertido crea un vínculo más fuerte con el perro, le da confianza y hace que el entrenamiento sea más rápido.

No caigas en una rutina. Camina en diferentes lugares. Hagan paseos en el automóvil. Fija fechas de juego con otros perros. Varía los juguetes que usa. Haz lo que puedas hacer para mantener su atención y para recompensarlo de diversas maneras por todos sus éxitos, ya sean grandes o pequeños. Recuerda el poder de la recompensa; ya sea un regalo especial o rascando su lugar favorito. Deja que tu perro se dé cuenta de que cada vez que te obedece y muestra un buen comportamiento, algo bueno sucederá, y él estará motivado para complacerte en todas y cada una de las ocasiones.

Entrenamiento con distracciones

Raras veces te encuentras en un entorno que puedes controlar por completo; incluso cuando entrenas en la casa, una sirena, un ciclista o un corredor pueden llevar la atención de tu perro hacia el exterior y lejos de ti. Haz tu mejor esfuerzo para que las distracciones no interrumpan tu entrenamiento. Enséñale a tu perro a ignorar las distracciones de cualquier tipo, y mantener su enfoque en ti, por el bien de su entrenamiento y su seguridad.

Puedes enseñarle a tu perro a ignorar la distracción al proporcionarle una distracción y pedirle que se aparte de ella y vuelva a centrarse en ti. Aquí hay un ejercicio: si tu perro disfruta socializar con otros perros, déjalo jugar en el jardín de un vecino, corriendo libre con otro perro. Entonces, llámalo hacia ti. Cuando él llegue, conoces la rutina: dale muchos elogios entusiastas y tal vez un premio como recompensa. Luego, inmediatamente permítele volver a jugar. Repite esto, recompensándolo cada vez y liberándolo nuevamente de inmediato. Aprenderá rápidamente que puede acudir a ti cuando lo llames, ser recompensado y luego volver a hacer lo que le gusta.

Este es un entrenamiento avanzado porque probablemente va en contra de la naturaleza de tu perro. La mayoría de los perros se distraen fácilmente, y pueden enfocarse en aquello que les entusiasma y que hace que sea difícil para ti captar su atención y volver a ti. Entonces, si tu perro no se acostumbra de inmediato al entrenamiento con distracciones, no te desanimes. Los adiestradores reconocen que este es uno de los entrenamientos más difíciles de dominar.

Sé creativo para lograr que tu perro vaya hacia ti, especialmente si tienes problemas para obligarlo a obedecer. Intenta agitar su juguete favorito para llamar su atención. Si has entrenado a tu perro con el contador, puedes usar un clic como la motivación necesaria y el punto focal.

Una vez que tu perro esté respondiendo bien y cambie su enfoque hacia ti, debes soltar las señales visuales o las indicaciones del contador, y hacer que el perro responda cuando sólo usas tu voz para llamarlo hacia ti. Probablemente puedas imaginar por qué; si estás en una situación donde no tengas un juguete o contador a la mano, aún necesitas asegurarte de que el perro responda de inmediato.

Sea lo que sea, es importante seguir así hasta que tu perro pueda volver su atención hacia ti, y lo que quieras, en cada situación. Llegará un momento en que lograr que tu perro vuelva a enfocarse en ti y venir si está distraído será esencial para su seguridad y la de los demás. Haz lo que tengas que hacer para prepararte para ese día, de modo que tu perro responda bien y mantenga el control.

Capítulo 10: Entrenamiento en casa y en jaulas

Para que tu perro sea un compañero que puedas disfrutar, es esencial que esté bien entrenado. La razón principal por la cual los perros son llevados a un refugio de animales es porque no están entrenados en la casa. Al igual que con otros métodos de entrenamiento expresados en este libro, el método que sugerimos involucra el uso de la naturaleza del perro, sus instintos y tendencias naturales, para hacer que el entrenamiento sea fácil e intuitivo.

Los perros son animales instintivamente limpios, y esa es la cualidad que puede facilitar el entrenamiento en el hogar. Preferirías que tu perro no ensucie las áreas en donde vives, y donde él duerme y come. Una gran noticia: ¡él también preferiría no ensuciar esas áreas!

El entrenamiento también es más fácil debido a la tendencia del perro de desarrollar el hábito de orinar o defecar en lugares específicos y en superficies particulares; por ejemplo, si tu perro se acostumbra a defecar en el concreto, buscará esa superficie en lugar de defecar en el césped, la tierra o la alfombra. El siguiente método de entrenamiento aprovecha al máximo la tendencia natural de tu perro de mantener su área limpia y defecar en una superficie particular.

Sugerimos dos métodos: entrenamiento en el hogar, que es un mejor método para perros más grandes, y entrenamiento en jaulas, que generalmente es un mejor método para perros pequeños y cachorros. Elige el método que mejor se adapte a ti y a tu perro.

Entrenamiento en casa

Tanto el entrenamiento en casa como el entrenamiento en jaulas se basan en confinar al perro en un espacio específico. En el entrenamiento en casa, esa área es su "guarida" o área de entrenamiento. En el entrenamiento en jaulas, el perro está confinado en su caja. Comencemos repasando los métodos recomendados para entrenar a tu perro en casa.

Estableciendo el área de entrenamiento

El primer paso es establecer el área de entrenamiento de tu perro. Un espacio pequeño y confinado, como un baño, o parte de una cocina o cochera, funciona mejor como área de entrenamiento. Elige un área en la que desees pasar algún tiempo porque es importante que mantengas a tu compañero en el área de entrenamiento. Querrás jugar con tu perro allí, y el perro comerá y dormirá allí. Prepara su cama en el área elegida, ya sea una cama comprada en línea o en una tienda de mascotas, hasta una toalla o toallas que coloques en una caja grande. No te desanimes si al principio el perro hace sus necesidades en esta área; una vez que reconozca que este es su espacio, sus tendencias naturales le impedirán ensuciarlo.

Después, cuando tu perro se haya acostumbrado a su cama, puedes moverlo a otras áreas de la casa. Por ahora, cuando no vayas a estar con tu perro, debes confinarlo al área que has elegido como su área de entrenamiento.

Estableciendo el área del baño

Has elegido un área de entrenamiento; ahora elije el área del baño de tu perro. Elije un área que:

- siempre esté disponible para tu cachorro cuando necesite hacer sus necesidades.

- tenga una superficie, como grava u concreto, que sea diferente a cualquier superficie en cualquier lugar de tu casa. Esto asegurará que el cachorro entienda que nunca puede hacer del baño en la casa.

En los primeros días del entrenamiento, es importante que estés con el perro cada vez que vaya al área del baño hasta que desarrolle el hábito de hacer allí. Tu presencia lo ayudará a asegurarse de que solo use el área que has establecido como su área de aseo.

Para que el entrenamiento sea más fácil y predecible, establece un horario de alimentación y apégate a él. De esa forma, sus hábitos de aseo también serán regulares. Si puedes predecir cuándo tendrá que ir al baño, podrás asegurarte de estar disponible para acompañarlo y guiarlo hacia el área que has elegido, y no a otro lugar.

Tu primer objetivo es lograr que el perro use regularmente el área del baño y llevarlo allí, en caso de que necesite hacer del baño, varias veces al día. Una vez establecida esa rutina, nunca confines al perro al área de entrenamiento sin darle acceso a su área de baño. Si no puede esperar para hacer del baño en su área de entrenamiento, puede restablecer el entrenamiento en casa.

Continuando con el proceso de entrenamiento en casa

Con constancia y elogios, tu perro solo eliminará en el área del baño, y nunca en el área de entrenamiento. Ahora es el momento de extender su entrenamiento al resto de la casa. Tómate tu tiempo con esta fase del entrenamiento. Comienza por agregar una habitación; cuando él pueda controlar completamente su vejiga y sus intestinos en esa habitación, podrás extender el área a otra habitación. Nuevamente, no te apresures en este proceso. Es mejor tomar todo el tiempo que necesites para asegurarte de que el perro pueda controlar su proceso de eliminación en una habitación adicional, en vez de seguir demasiado rápido y tener que retroceder y volver a entrenarlo porque el perro no estaba listo.

Cuando estés listo para expandirte a una habitación que esté más allá del área de entrenamiento, debes dejar que el perro juegue, coma y duerma en la nueva habitación, pero solo cuando estés allí para supervisarlo. Cuando no estés con tu perro, debes dejarlo solo en el área de entrenamiento. Con el tiempo, el perro reconocerá que la nueva habitación es una extensión del área de entrenamiento, y podrás agregar otra habitación, y así sucesivamente, hasta que puedas confiar en el perro para que controle sus ganas de ir al baño en cualquier área de la casa.

Tómate todo el tiempo que tu perro necesite para seguir estos pasos; es más fácil tomarse su tiempo ahora que volver a entrenarlo por problemas posteriores. Al igual que con otros entrenamientos, aprovecha cada oportunidad para elogiarlo con entusiasmo cuando utilice el área establecida para ir al baño. No lo castigues por los errores; eso solo lo confundirá y ralentizará el proceso de entrenamiento.

Qué hacer y qué no hacer en el entrenamiento en casa

Dedica el tiempo necesario para trabajar con tu cachorro y así establecer hábitos de baño adecuados. El trabajo que hagas con él ahora garantizará que sea un compañero agradable en los próximos años, o, si tu entrenamiento es irregular o apresurado, él se asegurará de no serlo. Dale a este entrenamiento lo necesario para estar completo y ser exitoso.

Lo mejor es esperar hasta que tu cachorro tenga seis meses para entrenarlo. Los cachorros más jóvenes no pueden controlar sus intestinos y vejiga; intentar el entrenamiento es arriesgarse a que se sientan confundidos, avergonzados y negativos en todo lo que se refiere al entrenamiento en casa, y no querrás eso.

Hasta que tu cachorro tenga seis meses, confínalo en una habitación pequeña y a prueba de cachorros. Cubre el piso con papel periódico u otro material absorbente, y asegúrate de cambiar el papel cada vez que se ensucie. Al principio, este puede ser un proceso bastante exigente, pero a medida que el cachorro crezca y use un área de baño, cada vez más usará menos papel.

Qué hacer en el entrenamiento en casa para cachorros

- Tu cachorro siempre debe poder entrar a su área de baño. Para que tenga el hábito de usarlo cuando estés en casa con él, llévalo a su área de baño al menos cada 45 minutos.

- Si no puedes estar en casa o estás ocupado con algo y no puedes supervisar a tu perro, ponlo en la habitación forrada con papel y asegúrate de que esté libre de cualquier cosa que pueda masticar o comer. De esa forma, no ensuciará su área de entrenamiento.

- El área de baño del cachorro debe ser una superficie que no se parezca a ningún piso de tu hogar. Puedes utilizar concreto, asfalto, hierba o tierra. No elijas una superficie que se parezca de alguna manera a los pisos de madera, alfombras o azulejos.

- Debes elogiar a tu cachorro y recompensarlo cuando use el área del baño. Tu cachorro necesita asociar el uso del área del baño con cosas que son positivas y que lo hacen feliz, como juguetes, premios y muchos elogios entusiastas..

- Prográmale a tu cachorro un horario de alimentación y dale suficiente agua limpia y fresca para beber. De esta forma, podrás predecir cuándo tendrá que ir al baño y así podrás planear acompañarlo.

- Considera usar una jaula para entrenar a tu cachorro. La información sobre cómo organizarla se detallará en este capítulo.

- Sobre todo, recuerda ser paciente durante el proceso de entrenamiento doméstico de tu perro. Dale todo el tiempo que sea necesario, ya que podría llevar varios meses. Eso puede parecer mucho tiempo, pero estás entrenando a tu perro para que, en los próximos años, sea un compañero para ti y tu familia. Es mejor entrenarlo bien a la primera.

Qué no hacer en el entrenamiento en casa para cachorros

- Nunca pierdas la paciencia o temperamento por sus errores. Recuerda: castigarlo solo lo confundirá y le causará temor. Ralentizará tu entrenamiento.

- No le dejes comida para que coma todo el día o toda la noche. Establece un horario de alimentación y recoge cualquier alimento que no haya comido. De esta forma, puedes predecir el horario de aseo de tu cachorro.

- Ve del área de entrenamiento hacia una habitación adicional, y luego a otra, y tómate tu tiempo. No permitas que tu cachorro tenga libre acceso al resto de la casa hasta que lo hayas entrenado completamente.

Las necesidades particulares de tu perro

Entrenar en casa a cualquier perro es desafiante, y algunos perros son particularmente difíciles de entrenar. Sin embargo, tu perro participa en en el entrenamiento; tu trabajo como líder de la manada es ser paciente, cariñoso, generoso y consecuente con él. Si pierdes los estribos, la paciencia o avergüenzas a tu perro, se asustará y perderá su confianza, y eso dañará seriamente tu entrenamiento y tu relación con él.

Tu perro puede presentar desafíos y necesidades particulares en el entrenamiento en casa; es importante prestarle atención, y las señales que está enviando.

Espera algunos errores. Cuando ocurra un accidente, mantén la calma y sé positivo. Los accidentes pueden ser una indicación de que estás avanzando demasiado rápido con el entrenamiento; o, pueden indicar que el perro necesita más tiempo contigo en su área de entrenamiento, para acompañarlo en su área de baño. Si los accidentes ocurren con demasiada frecuencia, retrocede en el entrenamiento y comienza nuevamente.

Aunque puede parecer extraño darle premios en el área del baño, es importante recompensarlo de varias maneras: juguetes, premios y elogios, cuando haga del baño ahí. Él necesita asociar el área del baño con cosas positivas. Si te parece desagradable estar allí, solo date un pequeño momento extra para elogiarlo y recompensarlo para que el entrenamiento vaya bien.

Para evitar desafiar demasiado al cachorro, mantén pequeña su área de entrenamiento. A medida que vaya aprendiendo a usar el área del baño y muestre signos de ser confiable, puedes ampliar su área de entrenamiento. Simplemente no hagas que el área sea demasiado grande, demasiado rápido. Su tamaño necesita expandirse lentamente.

Al igual que con la correa y el collar, al principio, algunos perros no responden bien al área de entrenamiento. Si tu perro está acostumbrado al aire libre y nunca ha sido confinado, puede actuar como si su entrenamiento fuera una prisión, y ladrará, llorará o gimoteará y tratará de salir. Dale tiempo, tal como habrás tenido que hacer con la correa y el collar; con el tiempo, aprenderá que su área de entrenamiento es un lugar seguro para él, y no algo destinado a encarcelarlo.

Uno de los problemas que puedes encontrar con tu perro en el entrenamiento en casa es el aburrimiento. Si tu perro está aburrido (y las razas particularmente inteligentes como Labrador Retriever pueden aburrirse fácilmente), puede beber mucha más agua durante el día. Una mayor ingesta de agua provoca la necesidad de orinar con mucha más frecuencia, lo que aumenta la probabilidad de que orine en su área de entrenamiento (lo que nunca deseas que suceda). Es su naturaleza e instinto mantener el área limpia, por lo que no poder controlar el orinar en su área de entrenamiento puede confundirlo y atemorizarlo. Eso puede restablecer los esfuerzos de entrenamiento en tu hogar.

¿Cómo evitar que tu perro se aburra? Los juguetes son una gran opción. Dale una variedad para elegir, y tómate un tiempo para jugar con él, mostrándole cómo se pueden usar los juguetes y despertando su interés en ellos. Luego déjalos en un lugar dentro de su área de entrenamiento que sea de fácil acceso para él, de modo que pueda elegir varios juguetes durante el día.

También dale un lugar designado para dormir, con una cómoda cama para perros, o una caja grande en la que pueda entrar y salir fácilmente, almohadillada con toallas. Dale mucho ejercicio y tiempo de juego, y así dormirá mientras estás fuera de casa.

Lidiando con los problemas del entrenamiento en casa

Generalmente, los perros son animales limpios cuya naturaleza es evitar el uso de tu sala de estar como un inodoro. El instinto de tu perro es mantener su área de dormir libre de suciedad o micción. Puedes usar esos instintos para facilitar el entrenamiento. Ese es el método adoptado, tanto en el entrenamiento con jaulas (que confina al perro a su jaula cuando no estás) como en el entrenamiento en casa (que confina al perro en una habitación pequeña u otra área del hogar).

Este método de entrenamiento funciona bien tanto para cachorros como para perros mayores. Si estás teniendo problemas con el entrenamiento en casa, es probable que sea el resultado de perder las señales que te envía tu perro, ser menos consistente con la alimentación, o tratar de avanzar demasiado rápido en el entrenamiento.

Aquí hay algunos consejos para saber qué buscar y qué cambiar si el entrenamiento en casa no va como a ti te gustaría.

- No intentes acelerar el proceso de entrenamiento. Verás los resultados más rápido al ser consistente con la alimentación, cumplir con un horario para sacar al perro (cada 45 minutos es un buen método) y dar elogios por el buen comportamiento y la obediencia. Si realmente quieres un perro bien entrenado en la menor cantidad de tiempo, tómate el tiempo que necesites para entrenarlo bien a la primera. A la larga, lo lograrás antes, haciendo las cosas lentamente.

- Si tu perro continúa ensuciando su área de entrenamiento, la explicación más probable es que ha estado allí demasiado tiempo. Llévalo cada 45 minutos, cuando estés en casa. También dale tiempo de juego fuera de su área de entrenamiento. Además, considera si el área de entrenamiento, su guarida, es demasiado grande. Utiliza una pantalla u otro bloqueo para hacerlo más pequeño, o muévelo hacia una sala más pequeña, como la sala de lavandería. Incluso si lo llevas hacia un área más pequeña, continúa sacándolo con frecuencia para darle la oportunidad de hacer del baño.

- Si tu perro está ensuciando su cama, es probable que lo hayas dejado allí por mucho tiempo, sin tener la posibilidad de ir al baño, y el perro no ha podido evitar tener un accidente. Otra posible explicación es que el perro pudo no haberse dado cuenta de que el área es, de hecho, su cama: la señal de que este es el problema sería que esté durmiendo en otro lugar del área de entrenamiento.

- Si tu perro muestra signos de ansiedad cuando lo pones en su área de entrenamiento, o gime, mastica o ladra incesantemente, es posible que no se sienta seguro en su área de entrenamiento, o puede pensar que está enjaulado. Pasa tiempo con él en el área de entrenamiento, jugando y siendo cariñoso. Felicítalo cuando lo lleves a la zona y se comporte bien. Con el tiempo, tener el área como un lugar seguro para dormir y comer debería ayudarlo a darle la bienvenida al lugar que es su "guarida".

- Si bien las guías (como este libro) son de gran ayuda al hacer el entrenamiento en casa, nunca olvides observar a tu perro y sus necesidades y características particulares. Tu perro quiere mantener limpia su área. Si no es así, obsérvalo y utiliza algunas ideas creativas para tratar de comprender cuáles son sus problemas.

- Si has intentado utilizar una serie de soluciones y métodos diferentes, solicita que un veterinario revise si tu perro tiene una ITU u otra condición médica que pueda ser la causante.

El entrenamiento en casa no es un proceso fácil, o rápido, pero tu éxito en este entrenamiento te llevará a tener un perro que puedas pasear libremente por la casa, y estar contigo donde estés, ya sea que estés leyendo el periódico, o viendo la televisión, sin ensuciar la casa donde él vive, y tú también.

Entrenamiento con jaulas para perros y cachorros

Tanto el entrenamiento en casa como el entrenamiento en jaulas se basan en confinar al perro en un espacio específico. En el entrenamiento en casa, esa área es su "guarida" o área de entrenamiento. En el entrenamiento con jaulas, el perro está confinado en su caja.

Muchos expertos en perros afirman que el entrenamiento con jaulas es una forma particularmente efectiva de adiestrar a los perros, ya sea que sea un cachorro o un adulto. Al igual que con el entrenamiento en casa, el entrenamiento con jaulas funciona tan bien porque se basa en el deseo instintivo de tu perro de mantener limpia su área.

En el entrenamiento con jaulas, el perro se coloca frecuentemente en la jaula y esta se convierte en su "guarida", su espacio vital; es natural para él evitar ensuciar el área donde come y duerme. Colocar al perro en su jaula utiliza este instinto para enseñarle a no ensuciar allí.

Consejos para el entrenamiento con jaulas

- Al igual que con el entrenamiento en casa, el entrenamiento con jaulas tiene más éxito si estableces una rutina. La rutina del perro, seguida fielmente, mejorará enormemente su capacidad de hacer del baño solo en el lugar designado. Establece su área de baño; luego elógialo y recompénsalo o cada vez que haga allí. Tu respuesta solo deben de ser elogios; si tiene un accidente en un lugar que no es su área de baño designada, no expreses enojo o frustración, o retrocederás el entrenamiento.

- Tendrás que confinar a tu perro en su jaula cada vez que salgas de la casa, o no estará bajo supervisión. De esa manera, pensará que la caja es como su guarida, o su hogar, y seguirá sus instintos naturales para no ensuciar su hogar.

- Si eliges el entrenamiento con jaulas como tu método de entrenamiento para tu perro, asegúrate de sacarlo de la jaula lo antes posible cuando regreses a tu hogar. Llévalo inmediatamente al área designada. Esta es una oportunidad para dar un refuerzo positivo; seguramente necesitará orinar o defecar. Cuando lo haga en el área designada, elógialo y recompénsalo con un juguete o un premio. De esa forma, asociará el uso de su área de baño, en lugar de cualquier otra área, con cosas buenas, tales como tu atención, tus elogios y premios o juguetes.

- Nunca dejes a tu perro en su jaula por un largo período de tiempo. Si lo haces, y se ve obligado a ensuciar su área, se sentirá confundido, asustado y avergonzado. Eso podría retrasar varias semanas tu programa de entrenamiento.

- Si confinas a tu perro en su jaula mientras estás en casa, dale la oportunidad de hacer sus necesidades cada 45 minutos. El procedimiento consiste en sacarlo de su jaula, ponerle inmediatamente el collar y la correa y llevarlo al área del baño. Allí, dale cinco minutos para hacer su trabajo. Si no hace del baño durante ese período de tiempo, devuélvelo a su caja. Y si lo hace, por supuesto que debes recompensarlo con elogios, un premio, tiempo de juego, una caminata o cualquier manera que le dé una impresión positiva de su comportamiento.

- Se recomienda que lleves un registro de cuando tu perro orina o defeca. Compáralo con el momento en que fue alimentado, y otros eventos en la casa (llegaste a casa, otro miembro de la familia volvió a casa, etc.). Tu objetivo es tener una idea de a qué hora o qué eventos crean su necesidad de ir al baño, y eso te dará una buena perspectiva durante este proceso de entrenamiento.

Si eres paciente y cuidadoso con este tipo de entrenamiento, con el tiempo, podrás dejar que tu perro se mueva libremente por la casa, siendo tu acompañante, listo para disfrutarse en cualquier momento.

Tratando los accidentes durante el entrenamiento con jaulas

Para que tu entrenamiento con jaulas sea exitoso y se complete en el menor tiempo posible, es esencial que nunca te enojes ni castigues a tu cachorro o perro si tiene un accidente o comete un error. No reacciones ni respondas ante un accidente. Al contrario, solo límpialo.

Si te sientes frustrado o enojado cuando tu perro tiene un accidente, considera que probablemente no hubiera sucedido si hubieras tomado un método diferente en el entrenamiento, dándole más tiempo y esfuerzo, elogiando más a menudo, o siendo paciente con el proceso.

Por supuesto, esperas el día en que tu perro pueda tener acceso libre a cada parte de la casa; pero apresurarse es arriesgarse a que tenga un accidente, llevándolo a una gama de sentimientos difíciles, miedo y vergüenza. Por lo tanto, no dejes que tu perro esté sin supervisión en tu hogar hasta que estés seguro de que puedes confiar en que su vejiga e intestino solo ensuciarán utilizando el área del baño. Si ocurre un accidente, regrésate al entrenamiento con jaula. Tan difícil como pueda ser, ten en cuenta que repetir unos pocos pasos del entrenamiento significará que podrás darle acceso libre en toda tu casa, más pronto, y con total confianza.

Capítulo 11: Entrenamiento por problemas de comportamiento

Tu perro puede ser uno de esos compañeros cariñosos, dulces, tranquilos y bien adaptados que lleva el entrenamiento fácilmente y sin desafíos. Pero con mayor frecuencia, los perros mostrarán ciertas tendencias hacia un comportamiento malo o desafiante: masticar, morder, ladrar o temerle a ruidos o situaciones nuevas. En particular, a medida que las personas más generosas van adoptando perros de rescate, es posible que se enfrenten a comportamientos incorrectos engendrados por su pasado. Aquí hay algunos comportamientos comunes, y cómo establecer una relación y concentración en el entrenamiento para ayudarle a tu perro a superar sus desafíos.

Construyendo confianza y respeto

Antes de que puedas tener éxito con cualquier entrenamiento, especialmente con el entrenamiento contra conductas desafiantes, lo primero que debes hacer es ganarte el respeto de tu perro y darle motivos para confiar en ti. Tienes su naturaleza de animal de manada para ayudarte: tu perro quiere un líder en quien pueda confiar y seguir. Lo hace sentir seguro y protegido. Él tiene un instinto natural y una necesidad natural de someterse a un líder fuerte. Entonces, tu primer objetivo como entrenador es construir o reforzar la percepción que tu perro tiene de ti como esa figura de liderazgo.

Si aún no tienes el respeto y la confianza de tu perro, es probable que tu entrenamiento sea difícil, en el mejor de los casos, y posiblemente no tengas éxito. Si no tienes la relación que necesitas con tu perro, dale el tiempo necesario para desarrollarla, sin importar el tiempo que sea necesario. Algunos perros dan confianza y respeto fácilmente, pero con otros, tiene que ser ganado. La forma de hacerlo es a través de experiencias que le dan a tu perro una interacción positiva contigo. Una vez que ganes esa confianza y respeto, te sorprenderá la diferencia que hace en el entrenamiento.

"Estoy bien", podrías pensar. "¡Sé que mi perro me adora!" Eso es genial, pero no siempre es lo mismo que tener la confianza y el respeto de tu perro. Tu cachorro puede darte mucho amor y afirmación de que eres el centro de su mundo, pero eso puede deberse a que dejas que tenga un mal comportamiento (¡porque es lindo cuando son pequeños!), o le dejas que se aproveche de ti. Eso no significa que tengas un perro malo: sin la guía de un líder fuerte, un perro se saldrá con la suya. Como su entrenador y dueño, tu trabajo es encontrar un equilibrio entre el amor, el afecto, y el tipo de respeto que tu perro le daría naturalmente a su líder de manada. Ese tipo de respeto proviene de establecer límites claros y transmitir lo que es y lo que no es aceptable, y prepara el escenario para llevar a cabo un entrenamiento productivo.

Está en la naturaleza de tu perro el apreciar la fuerza y el liderazgo que demuestras, y los límites que estableces. La mentalidad de manada es que un líder fuerte (que serías tú) protege y guía al grupo. En una manada con un líder fuerte, cada perro conoce su propio lugar, lo que se espera de él y cómo tener éxito. Es una dinámica que permite que la manada funcione como una sola entidad; algo que un entrenamiento fuerte te permitirá lograr con tu perro. En realidad, tu perro anhela este tipo de liderazgo. Lo hace sentir seguro; sin él, puede carecer de confianza y luchar con sentimientos de miedo y confusión.

Si no te ganas el respeto de tu perro, solo harás que él, y probablemente tú mismo, sean infelices; en realidad te estás poniendo a ti y a tu perro en peligro. A menos que tu perro te respete, puede ser difícil vivir con él, en el mejor de los casos, y peligroso para ti, él mismo y otros, en el peor de los casos. Entonces hazle un favor a ti y a tu perro; sé el líder fuerte de la manada que él necesita, estableciendo límites firmes y expectativas claras, consistentemente. Si te preocupa incluir suficiente amor y afecto en tu relación, puedes estar seguro de que la base del entrenamiento de este libro es el elogio y la recompensa. Le darás a tu perro mucho tiempo, atención y refuerzo positivo, pero dentro del contexto de los buenos límites.

Si tienes un cachorro y le das el tiempo que necesita para el entrenamiento y la socialización, la confianza y el respeto seguirán naturalmente. No deshabilites el entrenamiento y la socialización; es importante comenzar a ganarse el respeto y la confianza de tu cachorro cuando aún es muy joven. Eso también te da la oportunidad de establecer un vínculo fuerte desde el primer momento.

Recuerda que él es solo un cachorro, que tiene un período corto de atención, así que mantén muy cortas sus primeras sesiones de entrenamiento. No querrás cansarlo o aburrirlo; debería terminar la sesión queriendo más. Incluso los perros más viejos generalmente no pueden enfocarse más allá de los 15 minutos de entrenamiento. Haz tus lecciones cortas, para que puedas dejarlo con una experiencia positiva en lugar de una negativa.

Otra forma de darle una nota positiva al entrenamiento es comenzar siempre la sesión con el juego y finalizarla también con el juego. Los perros son rápidos para hacer asociaciones entre una cosa y otra; si tus sesiones son cortas, y comienzan y terminan con el juego, tu perro asociará el entrenamiento como un momento divertido cuando llegue a estar contigo y tenga toda tu atención. Agrégale muchos elogios y refuerzos positivos para que tenga un buen comportamiento, y tu perro será un perro feliz, dispuesto a complacer y fácil de entrenar.

Cuídalo del aburrimiento. Las habilidades básicas como estar sentado/quieto y caminar al lado son importantes, pero son un poco secas. No deberías pasar de una orden a la siguiente. En cambio, mézclalo; incluye algo de diversión entre el entrenamiento básico. Le dará un descanso a tu perro, y te dará uno también.

Con una sólida base de respeto mutuo y confianza, tú y tu perro no solo podrán entrenar bien; habrás sentado las bases que necesita en caso de que necesite enfrentar desafíos particulares, como los que describen a continuación.

Lidiando con la ansiedad por separación

La "ansiedad por separación" o el "mal comportamiento por la ausencia del dueño" son desafíos que los entrenadores de perros ven mucho. Se pueden manifestar de varias maneras: destrucción de muebles y otras propiedades, masticación compulsiva, micción y defecación incontrolada, ladridos excesivos y más.

Si tu perro sufre ansiedad por separación, no es un perro feliz. Él puede gimotear, llorar, ladrar, cavar, aullar, masticar y arañar las puertas y las paredes cuando no estás. Puede que quieras quedarte en casa más con el perro; pero recuerda, el objetivo del entrenamiento es enseñar al perro a ajustarse a lo que necesitas, y no al revés. Para que la relación con tu perro sea saludable y placentera, tu perro debe poder separarse de ti durante largos períodos de tiempo.

Si tu perro está lidiando con ansiedad por separación, aquí hay algunas maneras de ayudar a mitigar su ansiedad.

- Ten en cuenta que la forma en que sales de la casa tiene un efecto en los problemas de ansiedad por separación de tu perro. Cuando estés listo para irte, vete. Una despedida larga, emocional y prolongada eleva el nivel de ansiedad de tu perro, incluso antes de que salgas por la puerta. Esto hace que tu perro se sienta aún más solo una vez que te hayas ido. Tal atención intensa puede emocionarlo; luego, de repente, la puerta se cierra, está solo, y no tiene forma de dejar ir ese exceso de energía. Entonces él encuentra formas de liberar esa energía y ansiedad a través de un comportamiento destructivo, masticando la alfombra o los muebles, o rompiendo los cojines de los sillones.

- Considera que tu perro puede estar respondiendo al exceso de energía, en lugar de la ansiedad por separación. Los comportamientos de afrontamiento pueden ser muy parecidos, pero en realidad, el exceso de energía es mucho más fácil de abordar. Simplemente darle más ejercicio al perro le dará un mejor equilibrio de actividad y emoción, combinado con períodos de descanso y tranquilidad. Ve si el ejercicio elimina su mal comportamiento.

- Si determinas que tu perro padece ansiedad por separación, tendrás que descubrir la causa raíz de su respuesta para ayudarlo a cambiar su comportamiento. Tu perro experimentará menos ansiedad si está contento, seguro y cómodo, tanto cuando estás en casa como cuando no estás. Dale a tu perro lo que necesita: comida saludable, agua fresca y buena, juguetes para mantener su interés, ejercicio y mucho tiempo contigo, ya sea para entrenar o simplemente para jugar juntos. Dale cosas para mantener su interés cuando estés lejos: pelotas, juguetes normales y para masticar. Considera que tu perro es un animal de manada y necesita que otros estén en su manada; eso representa una gran parte de su ansiedad cuando estás lejos. Su manada está incompleta, ya que un solo perro no hace una manada. Así que conseguir otro animal, como otro perro o un gato, puede darle a tu perro la sensación de "manada" que necesita, y también darle un compañero de juegos para que pueda divertirse y mantenerse ocupado cuando no estés.

- Darle a tu perro suficiente ejercicio y tiempo para jugar contigo, dándole toda tu atención, le ayuda a aliviar la ansiedad por separación y el aburrimiento que puede causarla. Le permite a tu perro estar activo de una manera que lo hará más propenso a dormir cuando no estás, y volver a estar activo cuando regreses. Así que, puedes programar al menos una sesión de juego al día, preferiblemente antes de salir de la casa. Intenta programarla para que termine al menos treinta minutos antes de que te vayas, de modo que el perro tendrá la oportunidad de calmarse y será más probable que se recueste para dormir, tan pronto como te vayas.

- Si tu perro tiene ansiedad cuando te vas y se está comportando de una manera problemática (por ejemplo, masticando de forma destructiva o ladrando incesantemente), intenta acostumbrarlo al hecho de que te vas. Intenta irte por cortos periodos de tiempo, y luego regresa, varias veces al día; eso lo acostumbra a la idea de que, si no se siente cómodo con que te vayas, no será por mucho tiempo, y ciertamente no lo dejarás para siempre. Esto es especialmente importante con los perros que han sido abandonados en los refugios, o que se han perdido y están solos. Ayuda a tu perro a darse cuenta de que no es permanente tu ida, y esto hará mucho para disminuir su ansiedad.

Enseñando a tu perro a no perseguir

Si tu perro es propenso a perseguir, eso es debido a su historial genético como animal depredador. Todos los depredadores tienen el impulso de perseguir lo que está huyendo: es la misma razón por la que a tu perro le gusta perseguir una pelota. Pero solo porque está actuando por instinto natural, no significa que perseguir sea algo bueno, o algo con lo que tienes que vivir. Ciertamente, los corredores, carteros y ciclistas apreciarían que trabajaras con tu perro para librarlo de este comportamiento.

Perseguir puede parecer una molestia menor cuando tu perro es joven o pequeño. Es algo completamente diferente cuando se ha convertido en un perro grande y pesado que puede representar una amenaza seria. Es importante entrenar a tu perro para que no persiga a las personas por ningún motivo, y como con otros entrenamientos, es mejor si puedes comenzar ese entrenamiento cuando el perro es muy pequeño.

Entrenando a tu perro para que no persiga a otros

No debes dejar a tu perro sin la correa hasta que sepas que no persigue, o hasta que lo hayas entrenado para que no lo haga. Permitirle perseguir es peligroso para él y para los demás. Es irresponsable por tu parte como dueño, es ilegal y puede ponerte en una situación en la que podrías ser demandado.

Así que entrena a tu perro en un área controlada, como un patio cercado, y asegúrate de que no sea propenso a perseguir antes de arriesgarte a que lo liberes. Si es propenso a perseguir, deberás elegir áreas de entrenamiento donde no se distraiga con personas o animales a los que le gustaría perseguir. Necesitas que se concentre cuando lo estás entrenando, para que pueda entender rápidamente el comportamiento que quieres de él. Le estarás pidiendo que ejecute órdenes una y otra vez para que responda de la manera correcta, automáticamente. Una distracción, como algo que su instinto le dice que persiga, aleja su enfoque y ralentiza el entrenamiento.

Por lo tanto, mantén las sesiones de entrenamiento lejos de esta tentación, pero en particular, haz que no persiga en el interior, en tu casa, para asegurar que no se distraiga. Ponle la correa y párate con él al final de un pasillo o al borde de una habitación. Agita una pelota de tenis frente a tu perro, pero no permitas que la toque. Luego, lanza la pelota por la habitación o hasta el final del pasillo, dando la orden "alto" para decirle a tu perro que no debe perseguir la pelota. Si comienza a ir tras la pelota, dale la orden "alto" una vez más, y tira de la correa con firmeza.

Durante este entrenamiento, asegúrate de que tu perro no toque la pelota. Si la atrapa, puede confundirse al pensar que la orden "alto" significa "¡ve por la pelota!" Al repetir este ejercicio varias veces, tu perro aprenderá lo que significa la orden "alto". Por supuesto, cuando tu perro lo descubra y responda de la manera que desees al no perseguir la pelota, felicítalo grandemente y recompénsalo con un premio especial.

En ese momento, repite el ejercicio varias veces para asegurarte de que tu perro lo entienda, elogiándolo cada vez que lo haga bien. Luego muévete hacia otra área de la casa y haz el ejercicio nuevamente. Cuando tu perro obedezca la orden "alto" en varias áreas de tu casa, intenta el mismo ejercicio sin correa, pero solo trabaja con él mientras estén dentro de la casa o un patio cercado. Dale a tu perro todo el tiempo que necesite para aprender a no perseguir; el instinto de persecución puede ser fuerte en él, y apresurar el proceso solo ralentizará su aprendizaje a largo plazo. También es importante no apresurarse en el entrenamiento porque hacerlo es arriesgarse a perseguir a otro animal o a una persona, y no haber sido entrenado de manera que te dé control sobre él.

Cuando creas que está completamente listo, prueba la capacidad de tu perro para resistirse a la persecución en el mundo "real". Para probarlo, consigue la ayuda de un amigo que esté dispuesto a posar como corredor. Es mejor si tu amigo es alguien a quien nunca ha visto antes; él necesita creer que este "corredor" es un extraño. Párate cerca de la calle, sosteniendo a tu perro con una correa. Cuando tu amigo venga corriendo, da la orden "alto". Tu perro no debe moverse hacia el corredor de ninguna manera. Si lo hace, jala firmemente la correa; si lo hace bien, elógialo y recompénsalo.

Entrenando a tu perro a no perseguir autos

Si tu perro persigue a personas u otros perros, es más probable que sea una amenaza para ellos que para él mismo. Pero si persigue a los autos, probablemente sea herido, posiblemente de forma fatal. Tan pronto como sea posible en su vida, entrena a tu perro para que comprenda que perseguir coches nunca es aceptable. Un perro que persigue un auto puede ser atropellado algún día, y nada bueno saldrá de eso.

Los perros persiguen a autos por varias razones. Primero, está el instinto de caza para perseguir lo que se mueve. Es un comportamiento arraigado e instintivo para algunos perros, en particular los de las razas de caza o pastoreo, como tu nuevo cachorro de Labrador Retriever. Un perro que es de una raza criada para cazar experimenta una emoción cuando se involucra en una persecución. Un perro de pastoreo intenta instintivamente controlar en qué dirección se mueve un automóvil en movimiento, pero solo porque el comportamiento es instintivo, no lo hace deseable de ninguna manera. Gran parte del entrenamiento que has hecho con tu perro ha sido trabajar con él para superar su respuesta instintiva, y este entrenamiento no es una excepción. Comprende que está respondiendo por instinto y no te está desobedeciendo deliberadamente cuando persigue un automóvil; pero aun así, es importante que lo entrenes para que obedezca tus órdenes.

Es posible que tu perro se sienta atraído por perseguir a los automóviles, no por estar a la defensiva, sino por alegría; muchos perros asocian autos con viajes divertidos contigo. A la mayoría de los perros les encanta andar en el automóvil, y algunos expertos en conducta canina creen que persiguen autos con la esperanza de obtener transporte.

Pero no importa por qué tu perro persigue a los autos, porque cualquiera que sea su razón, es imperativo que detengas esta peligrosa actividad tan pronto como puedas. La orden "alto", que fue cubierta anteriormente, es la base para entrenar a tu perro a no perseguir a los autos. Es una orden poderosa que posee varios usos y debe ser completamente entendida y obedecida por todos los perros.

Con la orden "alto", le estás ordenando a tu perro a que permanezca donde está, sin importar qué tan interesado o emocionado esté por un perro, corredor, ciclista o automóvil. Entrenar a tu perro para que no persiga a los autos implica un "entrenamiento de distracción".

Para este entrenamiento, ponle la correa y el collar a tu perro. Necesitarás la ayuda de al menos otra persona (la "distracción"). Este voluntario pasará lentamente frente a tu perro y lo atraerá hacia una persecución. Lo mejor es que el voluntario maneje tu auto, ya que los perros pueden distinguir un auto de otro, y el tuyo es particularmente atractivo, especialmente si ese es el automóvil en el que tu perro está acostumbrado a subir cuando va a dar un paseo.

A medida que tu amigo vaya pasando, mira con cuidado para ver cómo reacciona tu perro. Si se mueve, incluso si hace un pequeño movimiento, salto o embestida, di la orden "alto" y devuélvelo inmediatamente a la posición "sentado". Si se queda quieto, hazle saber que hizo exactamente lo que tú querías, elogiándolo y dándole algo sabroso.

Repite este entrenamiento varias veces en el transcurso de los próximos días. A medida que tu perro comience a obedecerte, pasa al siguiente nivel del entrenamiento, parándote más lejos de tu perro. Puedes lograrlo fácilmente con una correa retráctil que sea alargada para alejar a tu perro. En cada etapa, cuando tu perro obedezca completamente a la orden "alto", alarga la distancia más y más, pero siempre asegúrate de tener el control.

Puedes pensar que el objetivo de este entrenamiento es tener a tu perro afuera, sin correa, de manera segura, pero tu perro nunca estará del todo seguro si está afuera y sin correa. El entrenamiento para evitar que persiga automóviles, otros animales o personas es solo para darte una medida extra de seguridad, en caso de que alguna vez lo tengas fuera y sin correa, lo cual, nuevamente, nunca deberías hacer. Siempre tenlo con su correa, supervisado, o ambos. Recuerda: los perros pueden ser impredecibles, especialmente cuando se sienten tentados. Asegúrate de que tu perro esté entrenado con la orden "alto", en caso de que su instinto de persecución se active y necesites controlarlo para que él y otros estén a salvo.

Socializando y entrenando al perro tímido o temeroso

Probablemente trabajas con y conoces personas extrovertidas; sin embargo, existen otros que son más tímidos y retraídos. Es lo mismo con los perros: algunos cachorros son seguros y audaces, y siempre lo serán, mientras que pueden tener un hermano tímido y más vacilante. Puedes verlos jugar e identificar fácilmente cuál es cuál. Un perro tímido se detendrá, al borde del grupo de perros, temeroso de los perros más viejos, más fuertes y bruscos. Otros cachorros siempre están en el medio de las cosas, empujándose para controlarse, retozando y luchando con sus hermanos, regularmente si el hermano quiere o no.

Al igual que con gran parte del entrenamiento discutido en este libro, es importante conocer a tu perro y ajustar el entrenamiento a su naturaleza, cuando sea posible ajustarlo. Si trabajas con un perro fuerte, confiado y enérgico, eso te presenta desafíos particulares como entrenador. Si trabajas con un perro o cachorro que es tímido o temeroso, tienes desafíos muy diferentes.

Un desafío que tienes al poseer un perro es tímido y temeroso es que es más probable que muerda. Eso puede parecer contradictorio; podrás pensar que un perro seguro y enérgico sería más propenso a morder, y de hecho, no toda la agresión se basa en el miedo de un perro. Pero un perro tímido que tiene miedo es probable que se convierta en un mordedor para lidiar con ese miedo, particularmente en una situación desconocida. Esa respuesta puede ser peligrosa para ti, para tu perro y para otros. Por lo tanto, es importante enseñarle a un perro tímido, cualquiera que sea su edad, a tener confianza, y saber que las nuevas situaciones y las nuevas personas no son nada que deba temer.

¿Cómo sabes si tu perro tiene miedo? Puedes saberlo si les teme a los extraños, está inquieto o nervioso en situaciones nuevas, y es propenso a evitar ciertas personas u objetos, como una escoba. También es posible que lo sepas si te das cuenta de que tiene tendencia a morder, especialmente cuando se siente acorralado.

Si reconoces que tu perro o cachorro tiene miedo, actúa de inmediato. Las respuestas al miedo en un perro pueden arraigarse rápidamente, y una vez que lo hacen, son muy difíciles de cambiar o borrar. Esta es una de las razones por las que este libro enfatiza la socialización de tu cachorro, ya que es menos probable que un cachorro joven socializado tenga miedo y es menos probable que se convierta en un perro que muerde por temor. Si sacas a tu cachorro de su camada a temprana edad y él es el único perro en tu casa, asegúrate de que tenga muchas oportunidades para jugar con otros perros y cachorros. Tu objetivo aquí es poner a tu cachorro en situaciones nuevas y dejar que aprenda a adaptarse. Eso le dará confianza y lo ayudará a adaptarse a las nuevas situaciones cuando sea adulto.

Una nota: es vital que la socialización que le brindes a tu cachorro sea siempre positiva. Una mala experiencia puede infundir miedo en él, y puede llevarle meses superarlo. En particular, asegúrate de que cualquier perro adulto u otro animal con el que interactúes sea amable, bien adaptado y sociable. Está bien que un perro adulto le enseñe suavemente a tu cachorro que su juego mordaz es demasiado duro; solo asegúrate de evitar situaciones en las que el perro más viejo u otro animal domine completamente a tu cachorro de manera amenazante o se vuelva demasiado agresivo y violento con él.

Tú quieres entrar en nuevas situaciones con tu perro sabiendo que es seguro, flexible y capaz de adaptarse. Asumir desafíos y cambios con calma es una habilidad vital que puede ayudar a tu cachorro a aprender, y ambos estarán contentos de haberlo hecho.

Entrenando un perro tímido

Puede ser tu instinto consolar o tranquilizar a tu perro o cachorro cuando es tímido, temeroso o inseguro; pero eso está reforzando su comportamiento temeroso. Recuerda, el objetivo del entrenamiento es ignorar el comportamiento no deseado y recompensar el comportamiento obediente. Si tu perro muestra miedo, se esconde, encoge o llora, tranquilizarlo es equivalente a que el líder de su manada demuestre su aprobación, y tú no deseas fomentar el comportamiento temeroso.

Al igual que con otros comportamientos no deseados, si tu perro actúa con miedo o timidez, simplemente ignora el comportamiento. Con el tiempo y la experiencia, ese comportamiento cambiará a medida que tu perro encuentre nuevas situaciones, tenga una experiencia positiva (a pesar de su miedo) y, como resultado, gane confianza. Esa dinámica realmente no necesita involucrarte del todo.

Por ejemplo, tal vez hayas visto a tu perro estar inquieto con un juguete nuevo. Él se agacha y lo estudia; ahí es cuando puede hacer una práctica para arremeter contra él, para ver si lo embiste. Luego, lo arremete y golpea con la cabeza. Él está experimentando; cuando no ocurre nada negativo, es probable que comience a jugar con el juguete. ¡Ahí! Él resolvió su miedo por sí mismo, y ahora tiene un poco más de confianza y experiencia con situaciones nuevas. Cuando salgas, y tu perro tenga miedo de algo, pero esté dispuesto a explorarlo, si es seguro, simplemente déjalo. Y mantente fuera de la experiencia; enséñale que puede superar su miedo por sí mismo, a su manera. Cuando haya trabajado en ello y muestre cierta confianza con la nueva persona, animal u objeto, elógialo.

Desensibilizando el miedo de tu perro

Cuando trabajas para desensibilizar a tu perro, poco a poco le presentas lo que teme, de maneras gradualmente más desafiantes. Comienza lento. Repitamos eso: comienza lento. Sé paciente.

En el entrenamiento de desensibilización de problemas de miedo, tu trabajo generalmente es ponerlo en una nueva situación segura y dejar que trabaje por sí mismo. Él puede esconderse, pero déjalo. Él puede contenerse y lloriquear, o ladrar agresivamente. Solo quédate quieto. Asegúralo con el collar y la correa para que tengas cierto control, pero no respondas a lo que hace. Dale todo el tiempo que necesite para superar el miedo y sentirse a gusto con la situación; obligarlo a enfrentarse a cosas que teme solo lo harán sentir más temeroso y posiblemente te hagan temer, y tú no quieres eso.

Al mismo tiempo, no ignores el comportamiento agresivo basado en el miedo, como morder, gruñir o chasquear. Sabrás a lo que le teme: gatos, extraños o sirenas, o alguien que lleve una escoba o un periódico. Cuando sepas qué provoca el miedo en tu perro, preséntale lentamente una situación a la que le tema. Y si se comporta agresivamente, corrígelo. Lo mejor que puedes hacer es reprenderlo de inmediato y corregirlo. Siéntalo/déjalo quieto. Si él está fuera de control y permanece fuera de control, has avanzado demasiado rápido en tu entrenamiento. Quítalo de la situación y desensibilízalo de maneras menos desafiantes hasta que tenga más confianza, luego intenta exponerlo nuevamente al elemento que le induzca miedo, todo de forma segura.

Si lo corriges, siéntalo/déjalo quieto, y si obedece, recompénsalo inmediatamente. En este entrenamiento, utiliza grandes recompensas, como su bocadillo favorito, y como siempre, una gran cantidad de elogios. Él se ha comportado de la manera que quieres que él repita; asegúrate de que lo sepa.

Desensibilizándolo de los ruidos fuertes

Algunos perros se sienten a gusto con los ruidos fuertes: los fuegos artificiales, las sirenas, el tráfico y los truenos no los perturban. Otros perros se vuelven tan temerosos que se vuelven frenéticos y entran en pánico. Los dueños de perros regularmente informan que tienen que lidiar con el miedo de su perro y la reacción negativa a tales ruidos. Muchos perros están tan traumatizados que todo su entrenamiento es ineficaz y no pueden funcionar hasta que el ruido se detenga.

Como siempre, cualquier situación en la que tu perro no esté bajo tu control representa un peligro para tu perro y para los demás. El miedo de tu perro puede ser evidente en su comportamiento: esconderse debajo de una mesa o una cama (y posiblemente quedarse atascado allí). O puede destruir un cojín del sillón o defecar u orinar en la casa. Es probable que sus respuestas sean particularmente extremas si les teme a los ruidos fuertes cuando no estés en casa; es la razón por la que muchos dueños no planean salir de vacaciones con fuegos artificiales. Se quedan en casa porque saben que su perro podrá afrontarlo si lo hacen.

Tu instinto puede confortar y tranquilizar a tu perro; no lo hagas. Una vez más, hacerlo es reforzar el comportamiento no deseado. Esencialmente, lo estás recompensando por tener miedo. Piénsalo: le estás prestando atención. Le gusta el sonido de tu voz; le gusta que lo acaricien; al prestarle mucha atención, hablarle y acariciarlo con dulzura, le estás diciendo que ha hecho lo correcto al tener miedo. ¡No, no, no! Es mejor que traigas lo que sabes sobre el entrenamiento y el refuerzo positivo de los comportamientos deseados hacia esta situación, para ayudar a tu perro a adaptarse.

Al igual que con otros comportamientos no deseados, el mejor método para cuando reaccione a los petardos, las sirenas o los truenos es simplemente ignorarlo. Por supuesto, debes comportarte de manera responsable: obsérvalo para asegurarte de que no sufra daños al tropezar con los muebles o quedarse atascado debajo de una mesa. Pero, por lo demás, mantente alejado de la situación y deja que trabaje solo.

Conoce a tu perro; debes saber cómo responde al ruido. Si vas a estar lejos, y tu perro tiende a esconderse debajo de las cosas cuando le asustan los ruidos fuertes, asegúrate de que no pueda atascarse debajo de la cama mientras no estés. Deberás ocuparte de proteger tu casa de tales amenazas y asegurarte de haberlo hecho antes de dejar al perro solo, y no solo durante los momentos en que sepas que habrá ruidos fuertes, sino en cualquier momento, ya que nunca se sabe cuándo el sonido de la sirena o del automóvil puede provocar en tu perro.

Considera si tu perro se sentiría más seguro y cómodo en una habitación pequeña o en su jaula. Puede ser difícil entrenarlo para lidiar con su miedo hacia los ruidos fuertes, pero trabaja con él hasta que al menos pueda controlar sus miedos sin destruir cosas o lastimarse a sí mismo.

Y cuando las cosas estén tranquilas, y probablemente no haya ningún ruido inesperado, trabaja con tu perro usando métodos de desensibilización. Consigue una grabación del sonido del trueno, si le teme a los truenos. Reprodúcelo a un volumen bajo cuando esté relajado. Aumenta gradualmente el volumen; ignóralo si responde negativamente, pero recompénsalo por mantener la calma.

Este tipo de entrenamiento de desensibilización puede marcar una gran diferencia en la respuesta de tu perro, pero el miedo al ruido es un miedo muy arraigado y fuerte en algunos perros. La sola idea de que tengan que lidiar con el ruido, como cuando suena el trueno de forma muy suave, puede hacer que cunda el pánico. Este miedo no es fácil de curar, pero con paciencia y trabajo duro, tú y tu perro podrán aprender a lidiar con los ruidos.

Usando la distracción en perros temerosos

La distracción es una forma de redirigir la atención de tu perro lejos de lo que teme, y hacia algo que le hace sentir más positivo. Le quita el miedo de la mente. Por ejemplo, si es un día festivo y sabes que tu perro le teme los ruidos fuertes que producen los fuegos artificiales, prepárate con anticipación; reúne sus juguetes y algunos de sus premios favoritos para que puedas dirigir fácilmente su atención hacia otro lugar cuando comiencen las explosiones y el estallido.

Si tu perro le teme a una tormenta eléctrica, deberás ser consciente de su comportamiento; probablemente él detecte el comienzo de una tormenta antes que tú. Cuando los cielos estén un poco oscuros y lo veas comenzar a actuar con miedo y estrés, saca sus juguetes y anímalo a jugar. Él puede actuar reacio; pero aun así, inténtalo. También usa premios como distracción. O elige una combinación: adquiere uno de esos juguetes que contiene premios, y así animarás al perro a que ruede, lo persiga y se absorba tratando de sacar el premio.

Recuerda que tu objetivo es tratar de hacer placenteras las cosas desafiantes; si una tormenta es inminente, o si hay fuegos artificiales estallando afuera, juega con tu perro. Probablemente adora su tiempo contigo y se dará cuenta de que lo que teme también tiene algo positivo para él. Esas buenas asociaciones pueden reemplazar sus sentimientos temerosos.

Enseñando a tu perro a no masticar

Los perros mastican. Ese es un hecho. Todos los perros sienten la necesidad de morder, fortalecer sus músculos penetrantes y afilar los dientes. No debes enseñarle a tu perro a no masticar en absoluto; quieres darle cosas que pueda masticar y enseñarle que solo esas cosas deben ser mordidas. Al hacerlo, estás afirmando un buen instinto, manteniéndolo ocupado y feliz, e incluso ayudándole a mantener sus dientes limpios y libres de placa.

Este problema no es solo una cuestión de inconveniencia; es importante enseñarle a tu perro qué es y qué no es apropiado masticar por razones de seguridad. Si tu perro mastica una extensión, puede lastimarse e incluso provocar un incendio. Si él ingiere fragmentos, es posible que te estés imaginando una gran factura en el veterinario; incluso se arriesga a que coma algo venenoso o dañino y se muera.

Si masticar sigue siendo un problema, incluso después de darle las cosas permitidas, aquí hay algunas maneras de abordar la masticación inapropiada.

Cuando tu cachorro mastica de forma inapropiada

Los cachorros de Labrador Retriever masticarán todo lo que puedan hundir en sus dientes. Tal como puedes esperar, masticar es un hecho. Y, solo porque es normal no significa que no puedas dirigirlo para que aprenda a masticar de manera aceptable y apropiada sus juguetes y cuerdas, en lugar de tus zapatos o los muebles.

Aborda la masticación no deseada al principio, antes de que esos pequeños dientes se conviertan en los dientes grandes y masticadores de un perro adulto que tiene una mandíbula musculosa. Comienza controlando el entorno del cachorro.

Mantenlo en una habitación pequeña, a prueba de cachorros, durante las primeras semanas, con juguetes para masticar y lejos de cosas que no quieres que mastique.

Dale una variedad de juguetes masticables, tanto para evitar que se aburra (y así sienta una mayor necesidad de masticar), como para darle los artículos apropiados para masticar. De esa forma, tu cachorro se sentirá seguro de que puede satisfacer una necesidad instintiva de manera aceptable.

Anímalo a jugar con sus juguetes, y elógialo por jugar con ellos y, en particular, por masticarlos. De esa manera, sabrá que hay algunas cosas que es seguro que él mastique. Si mastica algo que no debería, no le des tanta importancia. Recuerda: ignore el comportamiento que no desees, a menos que sea un comportamiento peligroso. Elogia y recompensa el comportamiento que quieres ver. Toma el objeto que no debería estar mordisqueando de forma rápida, calmada y silenciosa; ofrécele un juguete, y cuando lo tome en su lugar, elógialo.

Puedes ayudar a tu cachorro a comprender que es bueno masticar sus juguetes, sacándole provecho a su emoción cuando llegas a casa por primera vez. Mientras él corre entusiasmado para saludarte, dale uno de sus juguetes y elógialo cuando lo tome.

Mantén los juguetes de tu cachorro donde pueda tomarlos

fácilmente, como un recipiente o caja que solo sea suya, para que sepa que, si un artículo pertenece al recipiente o caja, está bien que juegue con él y lo mastique. Si puedes, recoge y guarda cualquier cosa tentadora que no desees que él mastique, por ejemplo, recoge las alfombras, y, definitivamente, guarda tus nuevas botas de cuero. Las cosas que llevan tu aroma, como tus zapatos, cepillo para el cabello, e incluso tus pañuelos usados, son particularmente atractivos para tu cachorro. Mantenlos fuera de su alcance.

Si la masticación continúa, desalienta a tu cachorro poniendo sustancias de mal sabor (pero no tóxicas) en los artículos que mastica y que no debería masticar, como por ejemplo, salsa Tabasco. La reacción desagradable que tenga lo ayudará a elegir los artículos apropiados para que mastique.

Conclusión

Entrenar a tu cachorro no es difícil; las pautas son simples:

- Comienza ganando la confianza y el respeto de tu perro. Tú eres su líder de manada; si puedes cumplir con ese rol, sus instintos harán que el entrenamiento sea posible y agradable para ambos.

- Se consistente. Le estás enseñando a tu perro qué comportamiento deseas y qué no deseas. Su éxito depende de cuán claro estés transmitiendo un comportamiento apropiado, y eso requiere que respondas de manera consistente.

- Recompensa el comportamiento que desees y, a menos que sea un comportamiento peligroso, ignora el comportamiento que no deseas.

- Usa los instintos de tu perro a tu ventaja.

- Al abordar el comportamiento no deseado, distrae a tu perro de lo que no quieres que haga, y recompénsalo por devolver su atención hacia otro lugar.

- Elogia y recompensa de manera consistente, generosa y entusiasta. El elogio le dice a tu perro qué comportamiento deseas. Además, le permite saber que el buen comportamiento se recompensa de maneras que le parecen agradables.

- Ama a tu perro, por supuesto; pero no asumas que el amor de tu perro por ti significa que él también te respeta. El respeto viene de establecer límites y expectativas claras. Recuerda, el objetivo del entrenamiento es convertir lo que él quiere hacer en hacer lo que tú quieras.

- Aborda el comportamiento problemático. Los perros problemáticos son un peligro para ti, para ellos mismos y para los demás. Entrena pronto a tu perro, y entrénalo correctamente desde el principio. Pon el tiempo y el esfuerzo necesarios para corregir el mal comportamiento.

- Piensa cómo se puede lograr el mejor entrenamiento. Desde el principio, mantén cortas las sesiones de entrenamiento, cuando la capacidad de atención de tu perro sea corta. Dale mucho tiempo al entrenamiento. Cumple con el horario de alimentación, ve al área del baño de tu perro y haz sesiones de juego y entrenamiento. El entrenamiento no es difícil, pero cuando se hace bien, lleva mucho tiempo; dale el tiempo que necesita para entrenar a tu perro de manera completa y confiable.

- Apoya el entrenamiento con un divertido período de juego, para enseñarle a tu perro a que entrenar es algo positivo.

- Entrena en el orden correcto, comenzando con las órdenes básicas: camina al lado, alto, sentado, y sentado/permanece quieto. Cuando tu perro domine estas cuatro órdenes, ha sentado las bases para acatar las órdenes adicionales y más complicadas.

Y ahora, ¡felicidades! Ahora sabes todo lo que probablemente necesitas saber para entrenar bien a tu perro, para que sea el animal de compañía que tú y tu familia adorarán y disfrutarán en los años venideros. Si todo va bien, le enseñarás las órdenes más complejas en cuestión de semanas.

Recuerda: siempre sé paciente y positivo con tu perro. Asustar a tu perro es abusivo, y un perro abusado desarrolla problemas de conducta que son peligrosos y difíciles de corregir.

Al mostrarle a tu perro la paciencia y darle al entrenamiento el tiempo necesario para hacerlo bien, estás invirtiendo en una relación maravillosa que te recompensará a ti y a tu perro en los años venideros.

Recuerda, no hay perros malos; solo entrenadores deficientes.

www.ingramcontent.com/pod-product-compliance
Lightning Source LLC
Chambersburg PA
CBHW021149080526
44588CB00008B/266